Holger Kowalski / Bärbel Wegner

Alles eine Frage der Haltung

Kommunikation einer Wohnungsgenossenschaft

Holger Kowalski / Bärbel Wegner

Alles eine Frage der Haltung

Kommunikation einer Wohnungsgenossenschaft

Impressum

Bibliografische Information der Deutschen Nationalbibliothek
Die Deutsche Nationalbibliothek verzeichnet diese Publikation in der Deutschen Nationalbibliografie; detaillierte bibliografische Daten sind im Internet über http://dnb.dnb.de abrufbar.

ISBN: 978-3-648-05020-0 Bestell-Nr.: 06764-0001

Holger Kowalski, Bärbel Wegner
Alles eine Frage der Haltung – Kommunikation einer Wohnungsgenossenschaft
1. Auflage 2014

Redaktionsanschrift: Tangstedter Landstr. 83, 22415 Hamburg
Telefon: (040) 520103-48
Internet: www.haufe.de, www.haufe-newtimes.de
E-Mail: kontakt@haufe-newtimes.de

Ein Projekt der Altonaer Spar- und Bauverein eG

Lektorat: Dr. Holmer Stahncke
Korrektorat: Dorothea Boge
Gestaltung: Klötzner Company Werbeagentur GmbH
Illustrationen: Friedemann Stampa
Druck: Kösel, Krugzell · www.koeselbuch.de

Dieses Buch ist auch als E-Book erhältlich.

Inhalt

Haltung, die

Wortart

Substantiv, feminin

Worttrennung

Hal|tung

Bedeutungen

Art und Weise, besonders beim Stehen, Gehen oder Sitzen, den Körper, besonders das Rückgrat, zu halten; Körperhaltung

innere [Grund]einstellung, die jemandes Denken und Handeln prägt

Verhalten, Auftreten, das durch eine bestimmte innere Einstellung, Verfassung hervorgerufen wird

www.duden.de

Alles eine Frage der Haltung

oder „Wie man in den Wald hineinruft ..."

Mitarbeiterinnen und Mitarbeiter, Aufsichtsrat und Vorstand, sie erfahren tagtäglich, wie es herausschallt aus dem „Wald" des Altonaer Spar- und Bauvereins, der altoba. Mal herzlich mit Dankesbrief und Kuchen, mal wütend oder gekränkt, mal mit energischen Forderungen oder gleich mit einer Mitgliederinitiative. Inzwischen hat sich der Ton versachlicht, ist freundlicher und unaufgeregter geworden. Denn wie man in den Wald hineinruft, so schallt es heraus.

Wohnungsgenossenschaften sind ihren Mietern und Mitgliedern in ganz besonderer Weise verpflichtet. Eine Genossenschaft ist demokratisch organisiert, die Unternehmensform erfordert große Transparenz. „Wie sage ich es meinem Mitglied?" ist im Arbeitsalltag der Mitarbeiter zu einer wichtigen Frage geworden und hat für den Vorstand geradezu strategische Bedeutung gewonnen. Vom Alltag der Mitarbeiter, der Gremien und des Vorstands handelt dieses Buch.

Wir – das sind der Vorstandsvorsitzende einer großen Hamburger Wohnungsbaugenossenschaft und eine Journalistin, die große Strecken des im Buch beschriebenen Prozesses als externe Beraterin begleitet hat – wollen dem Leser einen Einblick in die Praxis und jüngere Geschichte des Altonaer Spar- und Bauvereins geben.

Wenn zwei Autoren über einen Prozess schreiben, in denen sie selbst in unterschiedlichen Rollen beteiligt waren, stehen sie vor dem Problem, aus welcher Perspektive sie das Geschehen beschreiben. Wir haben uns dafür entschieden, hin und wieder über uns in der dritten Person zu schreiben. Diese Form der Kommunikation halten wir für lesbarer.

Wir haben die Genossenschaft als ein „lernendes Unternehmen" beschrieben. Und Lernprozesse, das ist keine Frage, verlaufen nie gradlinig. Mitunter muss man in Kauf nehmen, dass etwas nicht gelingt oder dass sich die Dinge in unterschiedlichen Geschwindigkeiten entwickeln.

In Altona und in Umgebung leben noch viele Mitglieder, deren Familie über Generationen beim Altonaer Spar- und Bauverein wohnt. „Handfeste" Leute, die auf eine Mieterhöhung mit „wat mutt, dat mutt" reagieren. Sie wohnen Seite an Seite mit einer teilweise kritischen jungen Klientel. Diese ist zu nachhaltigen Protesten in der Lage, wenn ihr etwas nicht gefällt, zeigt sich aber auch aufgeschlossen und kreativ und durchaus bereit, sich für „ihre" Genossenschaft einzusetzen. Vielen ihrer Mitglieder, aber vor allem diesen beiden Gruppen verdankt die Genossenschaft viel!

So unangenehm es am Anfang schien, sich ungewohnter Kritik zu stellen und fordern zu lassen, hat es sich doch als ausgesprochen positiv erwiesen, mit dieser Herausforderung umzugehen. Der damit verbundene Prozess, gemeinsam mit den Mitgliedern durchlaufen, hat viele Chancen eröffnet und Potenziale erkennen lassen, die sonst möglicherweise nicht genutzt hätten werden können.

Von diesem Prozess handelt unser Buch. Es handelt von der Zukunftswerkstatt und den Zukunftstagen, die die Mitarbeiter zusammengeschweißt haben. Es handelt von den Mitgliedern und einem neu gewonnenen Verhältnis zu ihnen. Es handelt von der Art, mit ihnen zu kommunizieren. Es handelt von Erfolgen und – wie könnte es anders sein – auch von Rückschlägen.

Ohne eine gute Kommunikation läuft nichts. Heute nimmt die altoba ihren Auftrag der Mitgliederförderung auch als Kommunikationsaufgabe wahr.

Kommunikation „an sich“ zu ergründen und Theorien vorzustellen, hatten wir dabei nicht im Sinn. Sie finden aber in diesem Buch Hinweise und Zitate von anderen, deren Theorien uns weitergeholfen haben, und von denen, die uns auf diesem Weg begleitet haben.

An dieser Stelle bedanken wir uns herzlich bei all denen, die uns mit Wort und Tat bei diesem Buch unterstützt haben. Ganz besonderer Dank gilt Elke Kunze, Holmer Stahncke, Anke Pieper und Roland Wegner.

Hamburg, im Oktober 2014,
Holger Kowalski, Bärbel Wegner

„Heute wirkt der Aufruf von 2009 wie ein Zeitzeugendokument. Als ich den Artikel schrieb, waren wir mittendrin. Wir steckten in Umbrüchen und Konflikten, begannen diese aber zu durchschauen und nach und nach zu gestalten. Ich fühlte mich da noch ein wenig wie ein ‚Rufer in der Wüste', doch die Kommunikation, nicht nur bei Wohnungsgenossenschaften, war im Umbruch. Es ging darum, zu Protesten und Konflikten eine neue Haltung zu finden.

Mitgliederförderung selbst gemacht – das „Hamburger Phänomen"

Ein Aufruf an die Branche, 2009

Veröffentlicht in DW Die Wohnungswirtschaft. Editorial zum Vortrag „Neue Märkte brauchen neuen Führungsstil" am 14.1.2009 beim GdW Genossenschaftskongress in Berlin.

Trotz großer Unruhe auf den Finanzmärkten wirken die Verhältnisse in der Wohnungswirtschaft noch relativ stabil. Wohnungsgenossenschaften mit Spareinrichtungen profitieren derzeit sogar. Innovation und Tradition prägen als große Linien unsere Branche, soweit scheint noch vieles in Ordnung. Doch in Hamburg brachten in den letzten Monaten etliche Vorfälle Unruhe in unsere schöne „Ordnung". Die satzungsmäßig verankerte Mitbestimmung und die Mitgliederförderung wurden auf bislang ungeahnte Weise genutzt. Im Jahr 2008 wurden in einigen Genossenschaften Vorstände massiv unter Druck gesetzt. Mitgliedervertreter schlossen sich auch außerhalb der Gremien zusammen, vernetzten sich zusätzlich im Internet, führten Versammlungen durch und forderten weitere ein. Frei nach den Bremer Stadtmusikanten hieß es: „Etwas Besseres als diesen Vorstand werden wir überall finden." Eine basisdemokratische Satzung verlangten die einen, den Rücktritt des Vorstandes und die Rücknahme eines Bauvorhabens oder einer Mieterhöhung die anderen ...

Harsche Forderungen, ein neuer harter Stil prägt diese Auseinandersetzungen. Man hört förmlich die Mundharmonika, sieht die Männer auf dem Bahnsteig. „Spiel mir das Lied vom Tod." Die „aktualisierte Fassung" in Hamburg – Mitglieder stehen vor dem Haus, mit Unterschriftenlisten im Halfter. Auch in Altona, einem Stadtteil mit einer sehr selbstbewussten, kritischen Klientel hatten die Mitgliedervertreter des Altonaer Spar- und Bauvereins vor Jahren schon über die Absetzung des Vorstandes diskutiert. Hintergrund: eine neue Mietenstrategie.

Dieses Hamburger Phänomen zeigt: Anscheinend besteht ein gänzlich neuer Markt. Auf dem befinden sich allerdings nicht unsere genossenschaftlichen Wohnungen und Leistungen. Die sind anerkannt und begehrt. Auf diesem Markt befinden sich auch weniger die Vorstände selbst, obschon diese neuerdings so massiv angegriffen werden. Mittlerweile, so scheint es, befindet sich die genossenschaftliche Idee auf dem Markt. Es gilt aktuell, die Solidargemeinschaft Genossenschaft neu zu kommunizieren. Die Diskussion um unsere Werte neu zu führen. Denn der Marktwert unserer Werte, auf die wir zu Recht stolz sind, scheint nicht groß. Auch mir fiel es vor Jahren schwer, mit Unterschriftenlisten und selbstbewusst vorgetragenen Forderungen von Mitgliedern umzugehen. Doch viele lebhafte Auseinandersetzungen, aber auch viele positive Erfahrungen durch Mieterbeteiligung, intensive Kommunikation mit unseren Mitgliedern und Kontakte im Stadtteil haben unsere Genossenschaft gestärkt. Wir fühlen uns nicht mehr bei Kritik gleich zum Duell herausgefordert und wir tragen auch keine Schusswaffen ... Wir schätzen unsere Mitglieder in der Regel als selbstbewusste Gegenüber. Von denen wir lernen können. In der Kommunikation und in unseren Formen, wie den Gremien etwa. Zugleich lernen wir, das bringt dieses Phänomen auch mit sich, neue Grenzen zu setzen, nicht allen Wünschen nachzugehen und den Dialog um eine Solidargemeinschaft – mit Rechten und Pflichten – neu zu beleben. Diese Erfahrung teilen wir im Übrigen mit vielen Institutionen. Die Forderungen in unserer Gesellschaft an Verbände, an die Gemeinschaft, letztendlich an den Staat, sind immens gewachsen.

Meine geänderte Einstellung resultiert auch aus den Erfahrungen mit einem anderen Markt – einem Mitarbeitermarkt. Sprich, einer vor Jahren hohen Mitarbeiterfluktuation, der wir mit der Installation einer Zukunftswerkstatt begegneten, die gemeinsam von Mitarbeitern und Unternehmensführung gestaltet wurde. Da erlebten wir gemeinsam – und mit Erfolg – annähernd hierarchiefreie Formen und kreative Prozesse. Dennoch gibt es keine Patentrezepte für eine gelungene Kommunikation und schon gar nicht für die in Konflikten. Doch die starke Resonanz auf meinen Vortrag zu diesen Inhalten in Berlin hat meine Vermutung bestätigt – die berühmte Mundharmonika ist bereits an vielen Orten zu hören! Wir sollten diesen neuen Prozess gemeinsam gestalten – in unserer Branche und mit unseren Mitgliedern. Der Einsatz lohnt. Etwas Besseres als die genossenschaftliche Idee werden wir nur schwer finden.

1

Wer zu spät kommt, den bestraft das Leben

Ohne eine Haltung ist man orientierungslos

Zwei Szenen vorweg.

Die Geschäftsstelle des Altonaer Spar- und Bauvereins in den 1970er-Jahren. Im Eingangsbereich steht eine Tafel, auf der in großen Buchstaben zu lesen ist: „Es werden keine Mitglieder aufgenommen." Betritt ein Fremder die Eingangshalle, zeigt der Mitarbeiter wortlos auf das Schild. Kein Wort fällt, nur diese Geste, sie signalisiert: Du hast hier nichts zu suchen. Du bist hier nicht erwünscht.

Ganz anders heute. Besucher des Altonaer Spar- und Bauvereins werden nicht mehr abgewiesen, sie werden empfangen. Eine Mitarbeiterin beantwortet erste Fragen. Sie zeigt den Weg in das Mieter-Centrum oder Neukunden-Centrum, wo sich ein Mitarbeiter ihren Anliegen annimmt. Ob er ihnen helfen und ihnen tatsächlich eine Wohnung anbieten kann, steht auf einem anderen Blatt. Wichtig ist jedoch, dass der Besucher das Gebäude mit dem Gefühl verlässt, von der Genossenschaft respektiert und ernst genommen worden zu sein.

Nun mag man einwenden, früher sei eben alles anders gewesen – strenger und autoritärer. Stimmt, und dennoch ist es nicht selbstverständlich, dass man bei der altoba heute anders agiert. Es ist das Ergebnis eines langen Prozesses, eines teils mühsamen Prozesses. Die neue Haltung, mit der die altoba ihren Mitgliedern und den Menschen im Stadtteil gegenübertritt, wurde erarbeitet – mitunter auch im Wettlauf mit der Zeit, denn seit der 68er-Studentenbewegung haben sich besonders die Altonaer schneller emanzipiert als die Bewohner anderer Hamburger Stadtteile. Doch dazu an anderer Stelle mehr. Wollte der

Altonaer Spar- und Bauverein nicht abgehängt werden, durfte er nicht verharren, sondern musste seine Position im Stadtteil neu definieren. Sonst wären ihm die Dinge bei der einen oder anderen Gelegenheit um die Ohren geflogen.

Es war klar, man musste zu einer neuen Haltung, einem neuen Selbstverständnis finden. Auch wenn das Eingangsbeispiel ein extremes ist – mit einer die Mitglieder abwertenden Haltung konnte es nicht weitergehen. Was sind nun die Grundlagen der neuen Haltung des Altonaer Spar- und Bauvereins? Sie lassen sich mit den Begriffen Respekt und Dialog auf Augenhöhe auf den Punkt bringen. Respekt gegenüber anderen sollte auch ohne Schulung in Kundenorientierung eigentlich eine Selbstverständlichkeit sein – erst recht für eine Genossenschaft, deren Mitglieder als Anteilseigner mehr als nur Mieter sind. Dass man das vor Jahren anders sah und Mitglieder, die ein Anliegen hatten, häufig in die Rolle von Bittstellern degradierte, ist heute nur noch schwer nachzuvollziehen. Und ebenso schwer fiel es den älteren Mitarbeitern, die diese Haltung verinnerlicht hatten, sich an die neuen Formen zu gewöhnen. Warum sollte man mit „denen" in einen Dialog eintreten? Und warum sollte man mit Nichtmitgliedern, mit Bewohnern aus dem Stadtteil oder Institutionen, mit denen man nicht geschäftsmäßig zu tun hatte, überhaupt Kontakt aufnehmen?

Heute steht fest, dass diese Dialogbereitschaft wichtig ist, dass sie den Handlungsspielraum der Genossenschaft nicht einengt, sondern das Unternehmen im Gegenteil voranbringt. Sie macht sie zum Player im Stadtteil, zum Partner, dessen Stimme Gewicht hat. In den 1970er-Jahren, als eine breite Bürgerbewegung die Pläne des Hamburger Senats verhinderte, ganze Wohnquartiere im Altonaer Stadtteil Ottensen zugunsten einer neuen Bürostadt und eines vierspurigen Autobahnzubringers abzureißen, war der Spar- und Bauverein noch kein Player in diesem Sinne. Er beteiligte sich nicht an der Debatte und stand abseits vom Geschehen. Die Rolle einer Genossenschaft kann nicht die eines Stadtentwicklers sein, dennoch bringt die altoba sich heute anders ein als zur genannten Zeit. Wegsehen, wenn es um elementare Interessen des Stadtteils geht, würde niemandem mehr einfallen. Als das Altonaer Museum 2010 von der Schließung bedroht war, mischte der Spar- und Bauverein sich ein. Er tat es, indem er dem Museum als Kooperationspartner zur Seite trat und eine sechs Monate dauernde Ausstellung zur Geschichte der Genossenschaft organisierte und finanzierte.

Wie kam es, dass sich ein solch selbstgefälliger, in sich ruhender Verwaltungsapparat auf den Weg machte und sich wieder auf das ursprüngliche genossenschaftliche Prinzip besann, das die Interessen von Mitgliedern, Mitarbeitern und Unternehmen heute als einen Dreiklang versteht? Die Antwort ist einfach: Der jeweils nicht berücksichtigte Klang brachte sich selbst zu Gehör. Es waren zuerst die Mitarbeiter, dann die Mitglieder, die Beteiligung forderten. Die Mitarbeiter zeigten ihren Unmut Ende der 1990er-Jahre durch Kündigungen, die Mitglieder in den folgenden Jahren durch Proteste gegen Maßnahmen der Genossenschaft.

Anfang der 1980er-Jahre wurden erstmals Mieterhöhungen in Frage gestellt. Wenig später waren es angekündigte Modernisierungen, dann die Mietenstrategie, die von den Mitgliedern auf die Tagesordnung gesetzt wurde. Es konnte nicht ausbleiben, dass sich Fronten bildeten und die Spannungen wuchsen. Mit ähnlichen Protestbewegungen mussten sich auch andere Genossenschaften in diesen Jahren auseinandersetzen. Alles wurde in Frage gestellt: „Diese Bäume werden nicht gefällt", „Geben Sie nicht so viel Geld aus" oder „Wir wollen eine basisdemokratische Satzung" – Forderungen, die in den Ohren des jeweiligen Vorstands und der Mitarbeiter nicht nur ungewohnt waren, sondern geradezu als despektierlich empfunden wurden. Wie kamen Menschen, die zum Teil nicht einmal Mitglieder der Genossenschaft waren, dazu, solche Forderungen zu stellen?

Aus den aufgeregten Gremienbesprechungen sind Sätze wie „Denen muss man es zeigen“, „Wir nehmen nichts zurück“ und „Die schließen wir aus, das sind doch Demagogen“ überliefert.

Solche destruktiven Ansichten haben sich in Altona nicht durchsetzen können. Einige andere Genossenschaften, die auf die harte Tour versuchten, ähnliche Probleme aus dem Weg zu räumen, haben in dieser Zeit, Ende des ersten Jahrzehnts des neuen Jahrhunderts, Lehrgeld zahlen müssen. Ein Vorstand einer Genossenschaft in Hamburg musste zurücktreten, Verträge von Vorstandskollegen wurden auf Druck der Gremien nicht verlängert. Im unruhigen Berlin sahen sich die Genossenschaften auf einmal mit der gut vernetzten Vereinigung „Genossenschaft von unten“ konfrontiert. Ähnlich unruhig war es auch in Altona, das immer mehr Studenten, Künstler, Punks und Bauwagenbewohner anzog. Aus dem einstigen Industrie- und Arbeiterstadtteil entwickelte sich ein akademisch geprägtes Wohnquartier für Alternative. Bürgerbeteiligung und Partizipation bei der Stadtentwicklung standen in Altonas Szene-Stadtteil Ottensen schon Jahrzehnte vor Stuttgart 21 auf der Tagesordnung. Sie waren hier längst keine Forderung mehr, sondern wurden praktiziert. 1982 kamen die ersten Punks nach Altona, der erste Bauwagenplatz entstand. Inzwischen sind es vier Plätze, der Bezirk ist stolz darauf.

Eine lebendige Satzung: auf dem Titel sind Mitarbeiter, Aufsichtsrat und Vorstand abgebildet (2004)

Immer mehr der jungen, unruhigen Altonaer wohnten auch beim Spar- und Bauverein. Mit ihnen in einen Dialog zu treten und eine Wechselbeziehung einzugehen, war für den neuen, 1980 ins Amt gekommenen Vorstand eine unumgängliche Notwendigkeit, auch wenn der alte Stamm der Mitarbeiter dafür weitaus weniger zu begeistern war. Dabei sprach nichts dafür, sich dieser gesellschaftlichen Entwicklung, die ja dem Wesen der Genossenschaft entsprach, entgegenzustellen. Bot sie nicht auch Möglichkeiten, sich neu zu positionieren, vorausgesetzt, man übernahm die Initiative? Die Genossenschaft wollte Initiatorin, nicht nur Reagierende sein.

Doch zunächst musste im Unternehmen eine neue Haltung entwickelt und etabliert werden. Auf dieser Basis war dann eine neue Kommunikationsstrategie auszuarbeiten. Das alles konnte nicht über Nacht geschehen und schon gar nicht, vom Vorstand allein am grünen Tisch erarbeitet werden. Es war eine Gemeinschaftsaufgabe. Alle Mitarbeiter mussten einbezogen und von der Richtung überzeugt werden. War die neue Haltung entwickelt, würde man den Herausforderungen einer sich im Wandel befindlichen Gesellschaft gewappnet sein – so die

Hoffnung und der Anspruch des Vorstands. Es war ja nicht zu übersehen, dass die Entwicklung an Fahrt aufnahm und sich auf den unterschiedlichsten Ebenen differenzierte. Nicht nur emanzipierten sich die Mitglieder und die Bewohner des Stadtteils zusehends, ihnen standen auch neue technische Kommunikationsmöglichkeiten in einem bis dahin ungeahnten Ausmaß zur Verfügung. Seit 2001 waren beispielsweise sämtliche Mitarbeiter der altoba per E-Mail zu erreichen und viele der Mitglieder ebenso.

Plötzlich bildeten sich neue Interessensvertretungen außerhalb der satzungsgemäßen Gremien, die ihre Anliegen zunächst durch klassische Unterschriftenlisten, aber auch durch eigenständiges Einberufen von Versammlungen und über Mieterinitiativen kommunizierten. Später vernetzten sie sich durch Foren und Blogs im Internet und gewannen an „Schlagkraft". Eine „Waschhausgruppe" schrieb der Genossenschaft, eine Gruppe „Noch schöner wohnen" mischte sich ein, vor der jährlichen Vertreterversammlung wurde mit einer Demonstration protestiert.

Solche Initiativen, seien sie aus den Reihen der Mitglieder oder aus den Stadtteilen, sind heute meist „gut aufgestellt". Sie gehen routiniert und professionell mit den alten und neuen Medien um. So mancher Aufruf zur Demonstration wird mit professioneller Grafik erstellt.

Mit einer klar definierten Haltung kann man transparent und unaufgeregt kommunizieren und den Standpunkt der Genossenschaft darlegen, ohne dass sich die Fronten sofort verhärten. Wie man in den Wald hineinruft, schallt es heraus, sagt man gern. Also musste auch an einer neuen Kommunikationshaltung gearbeitet werden. Gute Kommunikation ist anspruchsvoll und zeitaufwendig – und sie verlangt viel Geduld von den Mitarbeitern, die ja vor allem ihr Tagesgeschäft bewältigen müssen. Schnell kann man durch unbedachte Äußerungen, einen ungünstig formulierten Brief, eine vorschnelle Entscheidung wieder einreißen, was mühsam aufgebaut wurde.

Man sieht, eine stringente Haltung zu erarbeiten und sie in den Köpfen und Herzen der Mitarbeiter zu verankern, war eine anspruchsvolle und mühsame Aufgabe. Aber sie war unumgänglich – wer zu spät kommt, den bestraft das Leben. Die altoba kam nicht zu spät. Das Ergebnis zeigte, wie richtig der eingeschlagene Weg war. Die altoba ist bekannt in Hamburg und in der Branche überregional gut angesehen. Und sie gilt im Stadtteil als verlässlicher Partner, als Immobilienunternehmen, dem niemand vorwirft, sich an der heftig kritisierten Gentrifizierung Altonas zu beteiligen, als Genossenschaft, die zum Stadtteil gehört und im Interesse des Stadtteils handelt.

Konfliktsituationen – von ihnen wird in späteren Kapiteln die Rede sein – lassen sich bei der altoba heute in der Regel problemlos entschärfen, wenn nicht gar lösen. Die Mitglieder sind zufrieden, wie Befragungen ergeben und wie man bei persönlichen Begegnungen immer wieder feststellen kann. Und auch die Mitarbeiter lassen nichts auf ihren Arbeitgeber kommen. 2013 votierten sie dafür, dass die altoba auf der Liste der „Besten Arbeitgeber“ in Hamburg gut platziert wurde. Auszeichnungen gab es etliche, nicht nur von den Verbänden der Wohnungswirtschaft.

Das alles ist kein abgeschlossener Prozess – der Altonaer Spar- und Bauverein ist keine Insel der Glückseligen. Neue Herausforderungen und Konflikte bleiben nicht aus, nur wissen Vorstand und Mitarbeiter jetzt, wie sie mit ihnen umgehen können. Doch die Zeit bleibt nicht stehen, und die Genossenschaft muss weiterhin reagieren – besser noch im Vorfeld agieren. Auch die einmal entwickelte Haltung darf nicht stillstehen, es gilt das Schlagwort vom lebenslangen Lernen.

Das Konfliktmanagement hat sich beim Altonaer Spar- und Bauverein in den vergangenen Jahrzehnten zu einer eigenen Disziplin mit professionell agierenden Mitarbeitern und einem guten Netzwerk externer Ratgeber entwickelt. Um bestehen zu können, reicht es längst nicht mehr aus, „gut aufgestellt“ zu sein und ein geordnetes Zahlenwerk zu präsentieren.

Man muss auch im Umgang mit dem gesellschaftlichen Umfeld professionell aufgestellt sein, eine eigene Haltung in der Kommunikation erarbeitet und verinnerlicht haben.

Genossenschaften gehören zu den ältesten Unternehmungen der Menschheit und sie können, wenn sie es nur wollen, mit der Zeit gehen und so auch ein Modell für die Zukunft sein. Genossenschaften bildeten in ihrer Geschichte häufig eine Avantgarde, die durch ihre Ideen und ihr Beispiel Gesellschaften vorangebracht haben. Viele arbeiten daran, dass es wieder so wird – nicht nur der Altonaer Spar- und Bauverein. Viele Neuerungen und Ideen ließen sich aufzählen – über das Land verteilt bei den 2.000 Wohnungsgenossenschaften.

Sie sollten den Wandel unserer Gesellschaft – sei es der in der Demografie oder der in der Mitbestimmung – gemeinsam gestalten, durch guten Austausch in der Branche und mit den Mitgliedern, mit denen sie tagtäglich zu tun haben. Denn der Wandel findet ohnehin statt.

„Die positive Entwicklung Ottensens ist der Genossenschaft als Geschenk zugefallen, für ihre eigene Beliebtheit hat sie jedoch hart gearbeitet. Wohnungsmodernisierungen, Wohnungsneubau und eine neue Unternehmenskultur haben wesentlich dazu beigetragen. Doch der Markt ist launisch. Derzeit sind die kleinen Altbauwohnungen beliebt bei den Wohnungssuchenden, den vielen jungen und alten Singles. Hamburg gilt als Single-Hochburg. Ob das auch in der Zukunft so sein wird, kann niemand vorhersagen.

Vom Arbeiterviertel zum Szenequartier

2

Ein Blick auf die Wohnungen und Mitglieder der altoba

Der Altonaer Spar- und Bauverein, 1892 gegründet, verfügt über einen Hausbestand, in dem alle Architekturstile vom kaiserzeitlichen Arbeiterwohnungsbau mit verzierten Fassaden über Wohnblocks im Bauhausstil der 1920er-Jahre bis zum modernen Passivhaus vertreten sind. Im Krieg hat es kaum Verluste gegeben, obwohl gerade der Industriestandort Altona schwer in Mitleidenschaft gezogen wurde. Der größte Teil der Wohnanlagen befindet sich in zwei Szenevierteln (Ottensen und St. Pauli) und in zwei aufstrebenden Vierteln (Bahrenfeld und Altona-Altstadt), wo Altbauwohnungen ausgesprochen beliebt sind.

Dabei ist es noch gar nicht lange her, dass das zwei Kilometer entfernte Bahrenfeld als zu weit entfernt von Ottensen betrachtet und Altona-Altstadt mit seinen vielen Häusern aus den 1950er-Jahren als unattraktiv empfunden wurde. Heute boomt es hier, altoba-Neubauten liegen unverhofft in plötzlich begehrten Lagen.

In den genannten Quartieren selbst spielt der Wohnungsmarkt derzeit verrückt. Wo vor rund hundert Jahren Arbeiter in engen Quartieren zusammengepfercht lebten, entstehen immer mehr teure Eigentumswohnungen, auf dem Mietwohnungsmarkt werden Mieten verlangt, die viele nicht mehr zahlen können. Kein Wunder, dass die im Vergleich günstigen Wohnungen der altoba der Genossenschaft aus den Händen gerissen werden. Würde man den Anfang des 19. Jahrhunderts gebauten Barnerblock in Ottensen – er steht gegenüber der bundesweit bekannten FABRIK und wurde 2003 bis 2006 komplett modernisiert – vollkommen entmieten, wären die rund

Ausgezeichnet wurden die ersten Passivhäuser der altoba mit dem Architekturpreis 2010 Passivhaus, Sonderpreis „Geschosswohnbau" vom Bundesministerium für Verkehr, Bau und Stadtentwicklung

200 Wohnungen vermutlich innerhalb von zwei Wochen wieder neu vergeben.

Die altoba hat großes Glück gehabt, dass der Stadtteil sich so entwickelt hat – es hätte auch anders kommen können. Und es hat auch Zeiten gegeben, in denen Wohnungen in diesen Vierteln schwer zu vermieten waren. In den 1970er-Jahren ging es mit dem Stadtteil Altona-Ottensen durch den Niedergang der Industrie bergab, immer mehr Einwohner zogen eine Neubauwohnung in einer der Trabantensiedlungen wie am Osdorfer Born vor. Die kleinen Zwei- und Dreizimmerwohnungen in den einstigen Vorzeigebeständen aus der Kaiserzeit waren aus der Mode gekommen und schienen ihre besten Tage hinter sich zu haben. Immerhin, wer bei der altoba wohnte, zahlte wenig Miete, die aber nur durch einen Investitionsstau und einen gedrosselten Neubau ermöglicht werden konnte. Erst eine großangelegte Modernisierung des größten Teils der Altbaubestände, hauptsächlich in den Jahren von 2003 bis 2008, machte diese Wohnungen wieder attraktiv.

Dennoch gab es seit den 1980er-Jahren kaum Leerstände, denn auch ohne Modernisierung fanden sich stets Mietinteressenten. Meist waren es junge Studenten und „alternative" Neu-Altonaer, die von Multikulti und der neuen Kulturszene in Ottensen in den Stadtteil gelockt worden waren. Es war angesagt, in Ottensen zu wohnen, und es war bald auch angesagt, bei der altoba zu wohnen.

Wenn man heute in den Heuhaufen Altona-Ottensen hineinsticht, scherzt ein Mitarbeiter, trifft man immer ein Mitglied des Altonaer Spar- und Bauvereins. Einerlei, ob man sich in Altona in Netzwerken von Kultur oder Sozialem bewegt, auf den Straßen per Fahrrad oder in den Geschäften zum Einkaufen unterwegs ist – überall trifft man auf Nachbarn, Mitgliedervertreter oder Mitarbeiter. Auch dem Vorstand kann man beim Einkaufen begegnen. Der Hauch von Bohnerwachs, der sich seit den 1950er-Jahren über viele Baugenossenschaften – auch über den Spar- und Bauverein – gelegt hatte, hat sich allmählich verflüchtigt.

Die positive Entwicklung Ottensens ist der Genossenschaft zugefallen, für ihre eigene Beliebtheit hat sie jedoch hart gearbeitet. Wohnungsmodernisierungen, Wohnungsneubau und eine neue Unternehmenskultur haben wesentlich dazu beigetragen.

Doch der Markt ist launisch. Derzeit sind die kleinen Altbauwohnungen beliebt bei den Wohnungssuchenden, den vielen jungen und alten Singles. Hamburg gilt als Single-Hochburg. Ob das auch in der Zukunft so sein wird, kann niemand vorhersagen.

Altona ist ein multikultureller Stadtteil, und es ist nicht ausgeschlossen, dass Familien aus anderen Kulturkreisen in zwei, drei Generationen mit den kleinen Wohnungen wenig anzufangen wissen. Und wie oft kann ein Wohnungsbestand modernisiert werden? Niemand kann einschätzen, ob die kleinen Wohnungen in 30 oder 40 Jahren überhaupt noch marktgerecht sein werden.

Die neuen Mitglieder der alten Arbeitergenossenschaft, die der Altonaer Spar- und Bauverein einst war, bedeuten für das Unternehmen sowohl Chance als auch Risiko. Noch ist die Mitgliederstruktur sehr heterogen, aber die Anteile verschieben sich immer mehr zugunsten der kommunikativen und anspruchsvollen Gruppen. Im Vergleich zu anderen Hamburger Wohnungsgenossenschaften ist vor allem die Altersgruppe der 30- bis 50-Jährigen stark vertreten. Sie sind gut ausgebildet, der Anteil der Mitglieder mit Universitätsabschluss ist hoch.

Als Dienstleistungsgenossenschaft erfüllt die altoba den Förderauftrag gegenüber allen ihren Mitgliedern satzungsgemäß durch die „wohnliche Versorgung" sowie durch eine Spareinrichtung. Darüber hinaus bietet die Genossenschaft ein unterstützendes Netzwerk („Soziales Management") durch Nachbarschaftstreffs, Veranstaltungen und Beratung in Notfällen. Doch die Mitglieder wollen mehr, sie wollen ein Wort bei der Entwicklung ihrer Genossenschaft mitreden. Also bietet die Genossenschaft Partizipationsmöglichkeiten über die satzungsmäßigen Gremien hinaus an und entwickelt seit Jahren Projekte zur Beteiligung – beispielsweise als Mitwirkung bei der Erstellung des neuen Leitbildes, das 2005 erschien, zur Erforschung der altoba-Geschichte oder einer Überarbeitung der Hausordnung. In Workshops tauschen sich Mitglieder zu Zukunftsthemen aus, geben Anregungen und Empfehlungen.

In einer Befragung hat das Hamburger Beratungsinstitut „Analyse und Konzepte" 2009 die Verteilung der Mitgliedergruppen bei der altoba genauer unter die Lupe genommen. Basis war hier eine in der Wohnungswirtschaft zunehmend eingesetzte Kategorisierung nach „Wohnkonzepten". Die mit 25 Prozent vertretene größte Gruppe war die als „kommunikativdynamisch" beschriebene Gruppe, moderne Bildungsbürger, die sehr kritisch sind und sich mit einem schlichten Nein nicht zu-

altoba-Häuser in
Hamburg-Bahrenfeld

friedengeben. Die Unternehmenskultur der altoba ermöglicht, dass diese Mitglieder sich einbringen können, und sie tun es, teils auf sehr konstruktive Weise. In Großstädten allgemein umfasst diese Gruppe laut Analyse und Konzepte nur 15 Prozent.

Auch die mit 19 Prozent vertretene zweitgrößte Gruppe der altoba-Mitglieder ist anspruchsvoll. Sie bevorzugt Neubauten mit guter Ausstattung und stellt hohe Anforderungen an Qualität, Komfort und ihr soziales Umfeld. Dafür sind diese Mitglieder auch bereit, entsprechende Mieten zu zahlen. Die übrigen vier Gruppen bewegen sich prozentual im Bereich 13 bis 15 Prozent.

So verschieden diese Gruppen sind, so verschieden sind ihre Erwartungen an die altoba. Es ist keine Frage, dass die Mitarbeiter auf alle eingehen müssen. Es dürfen nicht nur diejenigen Aufmerksamkeit erhalten, die sich deutlich bemerkbar machen. Die Gleichbehandlung aller Mitglieder ist die Grundlage, zufriedene Mitglieder zu haben, ist das Ziel. Kommunikation mit den Stakeholdern, den Anteilseignern, entwickelt sich hier zu einen komplizierten Geflecht.

„In den alljährlichen Generalversammlungen aller Mitglieder nahmen diese durchaus Einfluss auf die Baupolitik der Genossenschaft. So wurde in den 1890er-Jahren auf einer Mitgliederversammlung beschlossen, die Häuser ohne Keller zu bauen, um die Baukosten und damit die späteren Mieten zu senken.

Wohnungsglück und Nachbarstreit

Mitglieder früherer Zeiten

Ihr Mitgliedsbuch versicherte ihnen, dass sie Mitglieder des Altonaer Spar- und Bauvereins, damals ASBV abgekürzt, waren. Groß und deutlich stand es auf dem Umschlag. Doch untereinander bezeichneten sich die ersten Generationen der ASBV-Mitglieder lieber als Genossen, später als Genossenschaftler. So wurden sie auch in den Vorstandsprotokollen genannt, es sei denn, sie hatten eine Genossenschaftswohnung erhalten, dann waren sie für den Vorstand in erster Linie Mieter.

Genossen hatten vor allem einen Wunsch. Sie wollten eine Genossenschaftswohnung zugelost bekommen. Als Mieter aber stiegen ihre Ansprüche. Mal wollten sie Umbauten genehmigt bekommen, mal wünschten sie an der Eingangstür einen Schuhkratzer, mal wollten sie Untermieter aufnehmen, weil sie anders die Miete nicht bezahlen konnten. Dabei lagen die Mieten für die Neubauten des ASBV im Kaiserreich im Schnitt 30 Prozent unter denen, die private Vermieter für ihre zum Teil maroden Altbauten verlangten.

Aber alles in allem hielten sich die Beschwerden, mit denen sie sich an die Genossenschaft wandten, im Rahmen – und häufig ging der Vorstand auch auf ihre Wünsche und Beschwerden ein. Dagegen häuften sich die Klagen über Nachbarschaftsstreitereien wegen Kinderlärm und Unsauberkeit. Einige Mitglieder warfen ihren Abfall einfach vom Balkon, wenn ihnen der Weg zum Mülleimer zu beschwerlich erschien. Mitunter lagen ganze Hausgemeinschaften im Streit miteinander – und meist waren es junge Leute, die ihre Emotionen nicht im Griff hatten. In der jungen Genossenschaft wohnten überwiegend junge Familien – Handwerker, Angestellte und später auch Arbeiter. Die größte Einzelgruppe unter den Mitgliedern stellten zeitweilig die Frauen.

Bei Nachbarschaftsstreitereien verstand der Vorstand keinen Spaß und drohte in der Regel unmissverständlich mit der Kündigung der Wohnung, wenn der Streit nicht sofort aufhörte. Die Kündigungsdrohung schien das beste Mittel, die Situation wieder in den Griff zu kriegen. Der Vorstandsvorsitzende J. H. Röhrig war Handwerksmeister mit eigenem Betrieb und wusste, wie man sich Autorität verschaffte. Außerdem lag er damit im Trend. Mit so einem deutlichen Hinweis löste man eben im autoritätsgläubigen Deutschland derartige Probleme. Und es scheint funktioniert zu haben.

Das bedeutet nun aber nicht, dass die Mitglieder früher Duckmäuser waren, die sich leicht einschüchtern ließen. Doch die meisten hielten sich an die Regeln. Sie waren froh, in einer der neuen, hellen und preisgünstigen Wohnungen des ASBV wohnen zu können. Den Feierabend verbrachten sie lieber mit

Bahrenfelder Dreieck, 1939, Feierabendidylle im Vorgarten

den Nachbarn im Garten hinterm Haus als im Streit mit ihnen. Viele kamen vom Land, waren es gewohnt, abends im Garten zu sitzen oder zu ackern oder die Hühner zu füttern, die sie halten durften.

Im Garten konnten die Mieter weitgehend tun, was sie wollten – auch das war immer wieder Anlass für Nachbarschaftsstreitereien –, und diese Freiheit nahmen sie sich mitunter auch bei der Gestaltung ihrer Wohnungen heraus. In den Vorstandsprotokollen kann man es nachlesen. Da nimmt der Vorstand beispielsweise verärgert zur Kenntnis, dass in die Dächer immer wieder ohne Erlaubnis zusätzliche Dachluken geschnitten wurden. Ein Mitglied durchbrach in einem Neubau sogar die Außenwand, um ein weiteres Fenster einzubauen. Das war natürlich eine absolute Ausnahme, aber sie zeigt, wie breit das Mieterspektrum war.

Mitgliedervertreter wurden erst ab 1927 gewählt. Bis dahin fand Mitbestimmung in den alljährlichen Generalversammlungen statt, wo die Mitglieder durchaus auch Einfluss auf die Baupolitik der Genossenschaft nahmen. So wurde in den 1890er-Jahren auf einer Versammlung beschlossen, die Häuser ohne Keller zu bauen, um die Baukosten und damit die späteren Mieten zu senken. Auch stimmte die Generalversammlung der Entscheidung des Vorstands zu, überwiegend Zweizimmerwohnungen zu bauen, da Dreizimmerwohnungen für die meisten Familien unbezahlbar waren. Und wer eine Dreizimmerwohnung bezog, bemühte sich häufig schnell um einen Untermieter, der sich an der Miete beteiligte.

Hinzu kam, dass unter den Mitgliedern auch sogenannte unstetige Hafenarbeiter waren, die nie wussten, wie viel Lohn sie in der Woche nach Hause bringen würden. Jeder musste den Pfennig dreimal umdrehen, bevor er ihn ausgab. Und in Zeiten großer Arbeitslosigkeit konnte es geschehen, dass wohnungslose Mitglieder zu Dutzenden, ja mitunter zu Hunderten aus der Genossenschaft austraten, weil sie die wöchentlichen Raten

Holmer Stahncke. Eine Genossenschaft und ihre Stadt. Die Geschichte des Altonaer Spar- und Bauvereins. Hamburg, 2012

von 30 Pfennig, mit denen sie den Mitgliedsbeitrag von 300 Mark abstotterten, nicht aufbringen konnten.

Die meisten Mitglieder waren zu einem bescheidenen Lebenswandel gezwungen. Sie beschwerten sich, wenn es einen Missstand gab, und sie versuchten, sich bescheidene Freiheiten herauszunehmen, wenn es niemandem auffiel oder wenn alle es machten. Ansonsten waren sie mit dem, was die Genossenschaft ihnen bot, zufrieden. Und sie hatten allen Grund dazu, wenn sie sahen, wie der sprichwörtliche „kleine Mann" bei anderen Vermietern in Altona wohnte. In Altona fühlten sie sich deshalb als Genossenschaftler als etwas Besonderes, zählten sich zu einer privilegierten Gruppe. Der Wunsch, den genossenschaftlichen Gedanken stärker auszuprägen und beispielsweise weitere genossenschaftliche Einrichtungen zu schaffen, wurde nie artikuliert.

Nur einmal kam es in der Geschichte der Genossenschaft zu einem „Aufstand" einer kleinen Gruppe gegen den Vorstand. 1923, auf dem Höhepunkt der Inflation, rief eine Gruppe entgegen der eindeutigen Bestimmung der Satzung eine Generalversammlung ein, weil sie mit einer Mieterhöhung nicht einverstanden war. Sie konnte sich nicht durchsetzen.

In den 1920er-Jahren häuften sich die Anlässe, bei denen der Vorstand das unordentliche Verhalten vieler Mieter beklagte. Sie hielten ohne Erlaubnis Schweine und Ziegen und sie ließen die Gärten verwahrlosen. Das Bewusstsein, dass es sich um genossenschaftliches Gemeinschaftseigentum handelte, schwand, viele Mieter waren sich selbst die nächsten. Das Ergebnis war die Auflösung der Hinterhofgärten durch die Genossenschaft und die Einrichtung von Grünanlagen, die der gesamten Hausgemeinschaft zur Verfügung standen.

Auch heute muss sich der Altonaer Spar- und Bauverein inhaltlich mit ganz ähnlichen Fragen befassen. Und doch hat sich vieles geändert. Ein drohendes Machtwort des Vorstandes wäre heute undenkbar. Die Kommunikation ist eine gänzlich andere geworden – ist sie damit erfolgreicher als die unserer Altvorderen? Vielleicht entspricht sie nur jeweils ihrer Zeit.

„Genossenschaften liegen durch ihr Geschäftsmodell selbst im Trend: Aktuell sind beispielsweise ethisch korrekte Geldanlagen gefragt. Die Sparer möchten heute fair beraten werden und sehen, wofür ihr Geld benötigt wird – dass es beispielsweise dazu dient, Balkone an die gründerzeitlichen Häuser der Genossenschaft zu bauen. ‚Ich muss mir keine Gedanken machen', sagt eine junge Frau, ‚ob ich mit meinem Geld möglicherweise eine Pipeline durch den Regenwald finanziere.'

Vertrauen gegen Vertrauen

4

Die Spareinrichtung des Altonaer Spar- und Bauvereins

Beim Geld hört die Freundschaft auf, sagt man oft. Geldgeschäfte beruhen, anders als die persönlichen Bande einer Freundschaft, nicht auf Emotionen, sondern auf unmissverständlichen juristischen Vereinbarungen. Gleichzeitig bedürfen sie des Vertrauens, dass keine Seite versucht, den Partner zu übervorteilen. Bei den Spareinrichtungen der Baugenossenschaften gibt es dieses Vertrauen, denn sie haben mehrfach in Krisen unter Beweis gestellt, wie sie mit dem ihnen anvertrautem Geld umgehen. Das Geschäftsgebaren von Spareinrichtungen, die nur den Mitgliedern und ihren direkten Angehörigen offenstehen, gilt auch in der Öffentlichkeit als transparent und nachhaltig.

Rund 50 Spareinrichtungen von Baugenossenschaften bestehen im Bundesgebiet. Abgesichert sind sie durch einen Sicherungsfonds, der jedoch bislang noch nie in Anspruch genommen wurde. Erfolgreich sind auch Wiedergründungen von Spareinrichtungen wie in Berlin oder Neugründungen wie in Halle oder Flensburg. Qualitativ gesichert wird der Betrieb einer Spareinrichtung durch strenge Auflagen. Obwohl die Genossenschaften ihren Kunden nicht das gesamte Spektrum von Bankgeschäften anbieten können – so dürfen sie weder Kredite vergeben noch Girokonten einrichten –, unterliegen sie denselben strengen Vorschriften wie andere Geldinstitute auch. So müssen die Vorstandsmitglieder über eine Eignung als Bankleiter verfügen. Auch die Aufsichtsräte müssen entsprechend geschult sein, um ihren Aufgaben – Kontrolle, Förderung und Beratung des Vorstandes – nachkommen zu können.

Jedes Genossenschaftsmitglied muss Mitgliedsanteile zeichnen, aber nicht unbedingt die Spareinrichtung nutzen. Mit den

Über Generationen ist das Vertrauen der Mitglieder in die Spareinrichtung gewachsen. Zwei Skulpturen an der Geschäftsstelle, ein Bettler und eine Mutter, die ihr Kind zum Sparen anhält, transportieren diese Geschichte. 2008 standen sie im Zentrum eines Schreibwettbewerbs für Kinder und Jugendliche

Einlagen fördert das Mitglied die Arbeit seiner Genossenschaft und erhält dafür eine im Vergleich mit anderen Geldinstituten gute Verzinsung. Das Geld kann die Genossenschaft zur Finanzierung von Neubau und Modernisierung einsetzen. Sie gibt sich quasi selbst einen Kredit. Die guten Sparzinsen und die Bautätigkeit – beides kommt den Mitgliedern zugute.

Über Generationen ist das Vertrauen der Mitglieder in die Arbeit der Spareinrichtungen gewachsen. Denn diese gehen zum einen konservativ solide mit den Geldern um und halten sich von renditeversprechenden Risikospekulationen fern. Das allein ist angesichts der Erfahrungen, die Kunden anderer Geldhäuser in den Krisenjahren ab 2007 machen mussten, ein hoher Wert. Zum anderen passen sie ihre Angebote für die Sparer behutsam aktuellen Trends an. Genossenschaften liegen durch ihr Geschäftsmodell selbst im Trend: Aktuell sind beispielsweise ethisch korrekte Geldanlagen gefragt. Die Sparer möchten heute fair beraten werden und sehen, wofür ihr Geld benötigt wird – dass es beispielsweise dazu dient, Balkone an die gründerzeitlichen Häuser der Genossenschaft zu bauen. „Ich muss mir keine Gedanken machen“, sagt eine junge Frau, „ob ich mit meinem Geld möglicherweise eine Pipeline durch den Regenwald finanziere.“

Es hat Tradition, dass die Genossenschaft und ihre Sparer gemeinsam große Bau- oder Modernisierungsvorhaben stemmen. So konnte die Genossenschaft sich bereits seit der Kaiserzeit schnell und unbürokratisch wichtige Grundstücke sichern, weil Gelder aus der Spareinrichtung zur Verfügung standen. In den 1920er-Jahren wurden die Mitglieder aufgerufen, Geld zu sparen, um die Elektrifizierung der Altbaubestände zu ermöglichen – mit überwältigendem Erfolg. Heute ist es nicht anders, wenngleich auch nicht mehr direkt zur Finanzierung eines konkreten Projektes aufgerufen wird. Um die Finanzierung für ein Bauvorhaben zu unterstützen, werden auch gut verzinste Sparprodukte im Rahmen von Sparwochen aufgelegt. In einer solchen Sparwoche können durchaus 200 neue Sparverträge abgeschlossen werden. 2013 stiegen allein in einer Sparwoche die Einlagen um fast 670.000 Euro.

Doch es muss bei den Produkten der Spareinrichtung auch immer um die konkreten Interessen der Sparer gehen. „Spare in der Zeit, so hast du in der Not“ lautete das Motto, unter dem die Spareinrichtung der altoba 1892 gegründet worden war. Dieser Satz gewinnt in einer Zeit, in der immer mehr Menschen sich vor einer drohenden Altersarmut fürchten, neue Bedeutung. Auch für diese Kunden hat die Spareinrichtung entsprechende Produkte entwickelt.

Das alles führt dazu, dass in der Sparabteilung selten Konflikte auflaufen, dennoch spielt Kommunikation auch hier eine besondere Rolle. Gerade beim Thema Finanzen, das mit seiner Komplexität für viele Sparer ein Buch mit sieben Siegeln ist, sind klare, ehrliche Informationen und ein freundlicher Umgangston ein absolutes Muss. Das galt übrigens auch schon in den Zeiten, als der Umgangston der Mitarbeiter in der Vermietungsabteilung mit den Genossenschaftsmitgliedern noch weit entfernt von moderner Kundenorientierung war. Beratungsgespräche in der Spareinrichtung werden von Bankkaufleuten geführt, bei Vertragsabschlüssen erhalten die Mitarbeiter keine Provisionen.

Jedes Mitglied betritt die Räume der Spareinrichtung mit anderen Vorstellungen. Es gibt Mitglieder, die den Mitarbeitern der Spareinrichtung, die sie über viele Jahre aus der Beratung kennen, auch Anliegen zur persönlichen finanziellen Lage anvertrauen. Und es gibt andere, die der Genossenschaft nur beigetreten sind, um hier ihr Geld anzulegen, denn auch das ist möglich: Mitglied werden „zum Zwecke des Sparens“. Hier bestehen mitunter andere Renditeerwartungen. Beispielsweise die, dass man, wenn große Summen eingezahlt werden, auch höhere Zinsen bekommt. Das ist nicht der Fall. Aufgabe der Kommunikation der nächsten Jahre wird es sein, den folgenden Generationen, auch als Erbengeneration bezeichnet, die Vorteile einer Spareinrichtung, die ihre Angebote an einem Ort vorhält, nahezubringen. Die Bandbreite der Angebote und Erwartungen ist weit gesteckt. In der Spareinrichtung existiert heute das Sparbuch neben dem E-Banking.

„Der Mann mit dem Hut ist so gut!"

Schreib- und Lesewettbewerbe für Kinder

Um auch die Kinder und Heranwachsenden kreativ an das Thema „Sparen" heranzuführen, haben Mitarbeiterinnen der Spareinrichtung (heute Kundencentrum Sparen) in den Jahren 2007 bis 2009 drei Schreib- und Lesewettbewerbe für Kinder und Jugendliche ausgerichtet. Wandte man sich mit dem ersten noch ausschließlich an Kinder von Mitgliedern, richtete sich der zweite bereits an alle Kinder im Stadtteil. Der erste Wettbewerb hatte Geld zum Thema, der dritte, er brachte die meisten Einsendungen, die Nachbarschaft der Kinder.

Inhaltlich war der zweite Wettbewerb mit dem Thema „Drei Figuren suchen ihre Geschichte" besonders interessant. Er drehte sich um drei Skulpturen, die direkt an der Geschäftsstelle in der Max-Brauer-Allee 69 stehen – zwei historische, 1928 geformte, und eine moderne. Die historischen Figuren stellen einen Bettler und eine Mutter mit Kind dar. Die Aussage ist unmissverständlich: Die Mutter, die sich um die Zukunft ihres Kindes sorgt, spart, um diesem Not zu ersparen. Der Bettler, der nie für die Zukunft vorgesorgt hat oder vorsorgen konnte, ist in seiner Not auf Almosen angewiesen.

Die Themen Armut und Reichtum beschäftigten die jungen Teilnehmer sehr. Ins Internet waren zuvor Informationen zur Genossenschaft und zur Geschichte der Figuren eingestellt worden. Einreichen konnten die Teilnehmer Geschichten, Gedichte oder Songs. Die Preise wurden in verschiedenen Altersgruppen vergeben.

Zum Konzept der erfolgreich verlaufenden Wettbewerbe gehörte jeweils eine öffentliche Preisverleihung, verbunden mit einer Lesung der besten Geschichten, wenn die jungen Autoren den Mut dazu aufbrachten. Diese Veranstaltungen waren sehr berührend, nicht nur für die teilnehmenden Kinder und deren Angehörige, die zahlreich erschienen, sondern auch für die Mitarbeiter.

Mit solchen Aktionen wurden die Kontakte zu Familien und Kindern und gleichzeitig die zum Stadtteil gestärkt, zumal die Öffentliche Bücherhalle in Altona als Kooperationspartner gewonnen wurde und auch Lehrer verschiedener Schulen die Wettbewerbe unterstützten. Damit das Projekt nicht mit der Preisverleihung aus den Köpfen der Beteiligten schwand, wurden Textkollagen auf Taschen angebracht, Postkarten mit ihnen bedruckt und Mousepads gestaltet.

„Der Mann mit dem Hut ist so gut!"

Auszüge aus Geschichten und Gedichten zum Schreibwettbewerb „Drei Figuren suchen ihre Geschichte"

Mein Name ist Jonathan, ein einfacher Bettler. Ich sitze Tag für Tag auf meinem Sockel. Ich esse nicht. Ich schlafe nicht. Ich sitze nur still da und erzähle meine Geschichte. ...

Aus: Sein Name ist Jonathan, ein einfacher Bettler. Kathrin M., Platz 1, Kategorie 14 bis 17 Jahre

Der Mann mit dem Hut ist so gut! / Er sitzt noch im Gras / komme was mag! / Der Mann mit dem Hut ist so gut!

Aus: Der Mann mit dem Hut. Michelle G., 2. Preis, Kategorie Gedichte

Es war einmal ein armer Bettler. Er hatte nicht gespart. Eines Tages traf er eine Frau mit einem Kind. Sie brachte ihrem Kind bei, wie man spart. ... und erzählte irgendetwas von einem Passwort. Es klang so wie: „So hast du in der Not." (...) Plötzlich öffnete sich die Tür und der Mann erblickte in der Ruine eine Statue aus Stein mit einer Sparbüchse.

Als das Gebäude fertig war, konnten viele Leute, die keine Wohnung hatten, dort einziehen. Der ehemalige Bettler war in der Stadt nun in aller Munde. Viele Leute wollten auch eine Wohnung von ihm haben. Er schlug vor, dass alle gemeinsam sparen sollten. Dann konnten wieder neue Wohnungen gebaut werden.

Aus: Die Sparbüchse. Robin P., Platz 2, Kategorie 11 bis 13 Jahre

Und dann passierte etwas Seltsames: Ich wurde zu einer Statue ... Und dann saß ich viele, viele Jahre lang stumm hier ... Die Statue schien froh darüber zu sein, dass sie eine Freundin gefunden hatte, der sie ihre Geschichte erzählen konnte ...

Aus: Der arme Mann. Claudia S., Platz 1, Kategorie 11 bis 13 Jahre

Ein Bettler? Ein Heiliger? Ein Straßenmusikant? Oder einfach nur abgebrannt?

Aus: Gedichte von Artemi Dorothea K., Kategorie Gedichte, Platz 1

Und ein halbes Jahr später war das Haus errichtet und die Familie konnte die Hütte im Wald verlassen und in das neue Haus ziehen. Und auch der Bettler fand in dem neuen Haus Unterschlupf.

Aus: Der kleine Fürst und der Bettler. Shenja H., Platz 2, Kategorie 14 bis 17 Jahre

Ich bin ein Andenken an ein Piratenschiff aus Stein. Das Dreieck ist das Segel, das Rechteck der Mast und das Letzte der Rumpf.

Aus: Ich bin die Skulptur. Franziska R. und Inke R., 8 Jahre

Der arme Mann hatte kaum etwas zum Anziehen. Und nur einen Hut, er ist schon alt und kann nicht arbeiten und lebt auf der Straße. ... Und nach einem Jahr war sein Freund arm. Aber als er einmal aufwachte, lagen 5.000 Euro unter seinem Kopf.

Aus: Der arme Mann. Paul K., 9 Jahre

Der Geiz ist weder gut (positiv) oder schlecht (negativ), er ist irgendwas dazwischen. Der Bettler ist ein Beispiel dafür, dass Geiz schlecht sein kann, denn er hat nur eine Münze im Hut ... Der Titel „Spare in der Zeit, dann hast du in der Not" sagt aus, dass man, wenn man viel Geld hat, geizig sein soll, damit man, wenn man durch irgendeinen Grund kein Geld mehr hat, immer noch das Gesparte und somit genug zum Leben hat.

Aus: Die Macke in der positiven Seite der Erde. Lili S., Kategorie 11 bis 13 Jahre

Mehrwert und Ehrenamt

5

Sozialmanagement und die ersten Nachbarschaftstreffs

Der Wohnungsmarkt in Altona war in den 1980er- und 1990er-Jahren entspannt. Es gab ausreichend Wohnraum und viele Wohnungssuchende fragten sich, warum sie Genossenschaftsanteile zahlen sollten, wenn sie doch auch ohne diese Zahlung eine Wohnung finden konnten. Der Mehrwert einer Genossenschaft schien nicht greifbar, das Image wenig fortschrittlich.

Die Werte der genossenschaftlichen Idee – Gemeinschaft und Solidarität – waren aus dem Blickfeld geraten. Dabei bot gerade in dieser Zeit eine Rückbesinnung auf solche Werte neue Chancen. Zu den gesellschaftlichen Herausforderungen dieser Jahre zählte die sich abzeichnende demografische Entwicklung. Gleichzeitig erkannte man die Bedeutung des ehrenamtlichen Engagements.

Der Altonaer Spar- und Bauverein hat sich deshalb bereits Mitte der neunziger Jahre dem Thema Sozialmanagement geöffnet. Denn gerade die Wohnungsgenossenschaften bekamen die demografische Entwicklung – eine älter werdende Bevölkerung verbunden mit sinkender Geburtenrate – früher als andere zu spüren. Doch die älteren Bewohner in den Häusern des Spar- und Bauvereins, obwohl deutlich in der Mehrheit, waren nicht mehr die tonangebende Bewohnerschicht. Immer mehr Studenten suchten Wohnungen in Ottensen, viele fanden sie bei der altoba. Heute beträgt der Altersdurchschnitt der altoba-Mitglieder 45 Jahre. Das ist „jung": Statistiken sagen aus, dass heute bundesweit über die Hälfte der Genossenschaftsbewohner älter ist als 55 Jahre. Doch dieser Wandel war Anfang der 1990er-Jahre noch nicht abzusehen. Man wollte etwas für die Senioren tun und dafür eine Strategie entwickeln.

Nicht selten in der Entwicklung der Genossenschaft traf der Vorstand auf einen externen Impulsgeber. Es war Uwe

Blöcker, der 1995 aus dem Amt als Direktor des Verbandes der Norddeutschen Wohnungsunternehmen schied. In seiner Abschiedsrede sprach er über die wachsende Bedeutung des Sozialmanagements und die Chance, die darin läge, die alten genossenschaftlichen Werte wiederzubeleben. Holger Kowalski lud ihn ein, seine Ideen beim Altonaer Spar- und Bauverein umzusetzen und einen entsprechenden Bereich dort aufzubauen. Uwe Blöcker sagte zu und eine Erfolgsgeschichte nahm ihren Lauf.

Mit Uwe Blöcker hatte der Vorstand einen echten „Fuchs" gewonnen. Als junger Mann hatte dieser eine Maurerlehre absolviert, er sprach Platt, zitierte Schillers Glocke und das Genossenschaftsgesetz gleichermaßen. „Mien Deern!", sagte er zu Frauen allen Alters. Er baute mit einem schlüssigen Konzept und viel Herz einen Bereich auf, der heute noch nach diesen Prinzipien gut funktioniert.

Denn das Ziel, das er gemeinsam mit dem Vorstand setzte, ist heute aktuell wie vor 20 Jahren. Es ging schlicht darum, den Mitgliedern nicht nur vier Wände und ein Dach über dem Kopf zu überlassen: „Sie sollen nicht nur Nutzer einer mit einem möglichst optimalen Service verbundenen Wohnung sein, sondern sich in ihrem Umfeld sicher und zu Hause fühlen und wenn sie wollen, Teil einer lebendigen und aktiven Nachbarschaft sein."

Eine Befragung Anfang 1996 brachte Aufschluss über die Altersstruktur, über das Interesse der Mitglieder an möglichen Dienstleistungen und – besonders wichtig – über die Bereitschaft der Mitglieder, sich ehrenamtlich zu engagieren. Denn Grundlage aller Aktivitäten in den Nachbarschaftstreffs sollte das Prinzip der Selbstbestimmung und solidarischen Hilfeleistung sein. Es sollten keine Themen vorgegeben werden. Die Mitarbeiter des Sozialmanagements, so das Prinzip, leisten nur Hilfe zur Selbsthilfe.

Bevor der erste Treff eröffnet wurde, befragte die Genossenschaft ihr eigenes Kompetenznetzwerk: Mitarbeiter der Verwaltung, des Servicebetriebes, die Hausbetreuer und ande-

15 Jahre Verein „Vertrautes Wohnen" im Altonaer Spar- und Bauverein e.V., Geburtstagsfoto im Altonaer Museum, 2012

re Kundige benannten diejenigen Mieterinnen und Mieter, die bereits durch ihr Engagement für andere aufgefallen waren. Sie wurden eingeladen und über die Idee informiert, Treffs einzurichten und das Sozialmanagement zu gestalten. Die Bereitschaft mitzutun war groß.

Die Ehrenamtlichen der ersten Stunde waren vielfach Jahrgänge, die noch Kriegs- und Nachkriegsnöte gemeinsam durchgestanden hatten. Und wenn „der Verein“, so nannten viele den Spar- und Bauverein, einlud und um Unterstützung bat, war es für sie Ehrensache, teilzunehmen und mitzuhelfen. Ein schon sehr betagter Herr sagte, als er zum zehnjährigen Bestehen des Vereins „Vertrautes Wohnen“ interviewt wurde: „Da ich nicht singen kann, sondern nur Schach spielen, biete ich eben eine Schachgruppe an.“ Ein anderer Senior engagierte sich als Leiter der Briefmarkengruppe und eine andere Akteurin, sie leitete einen gut besuchten Treff im Gerichtsviertel, meinte nur, sie wisse gar nicht mehr, was Langeweile sei, seit sie im Nachbarschaftstreff aktiv sei.

Große Kaffeetafeln im Treff in der Harmsenstraße, Ausflüge mit dem Reisebus ins Alte Land, bunte Basare voller origineller selbstgemachter Dinge. Auch Englischkurse, Yoga und Rückengymnastik erfreuten sich großer Nachfrage der Mitglieder. Das Vergnügen, das die Mitglieder hier finden, ist groß. Gleichzeitig fühlen sich die Älteren sicherer in ihrem Quartier,

Nachbarschaftstreff Bahrenfelder Dreieck

sind möglicherweise weniger ungewollt allein. Uwe Blöcker erzählte gerne die Geschichte von der alten Dame, die erst durch die Kontakte über die Nachbarschaftstreffs in ihrem Viertel viele Bekannte gefunden hatte.

Der erste Nachbarschaftstreff wurde 1997 vom Altonaer Spar- und Bauverein eingerichtet. In relativ kurzer Zeit entstanden vier weitere. Parallel kam die Einzelfallhilfe als Aufgabe für die sich entwickelnde neue Abteilung Sozialmanagement hinzu. Auch andere Genossenschaften begannen sich nach und nach diesem Thema zu widmen, viele orientierten sich wie die Altonaer am Beispiel der hier sehr aktiven Baugenossenschaft Freie Scholle in Bielefeld.

Uwe Blöcker regte gleich zu Beginn seiner Tätigkeit ein neues Netzwerk an: Einen jährlichen Treff zum Thema Sozialmanagement, Austausch und gegenseitige Unterstützung war geplant. Denn warum sollte jeder das Rad neu erfinden, hieß es. Heute wird das Treffen unter Federführung des Verbandes Norddeutscher Wohnungsunternehmen (VNW) fortgeführt. Nachbarschaftstreffs waren jedenfalls ein „Treffer“, das Prinzip kam sofort an: Die Genossenschaft unterstützte durch Übernahme der Miete und half bei der Organisation, den Rest machten die Nachbarn selbst. Schnell wuchs die Zahl derjenigen, die sich freiwillig engagierten.

Ein Trägerverein, der Verein „Vertrautes Wohnen“, wurde 1997 gegründet, dazu Spenden gesammelt, Mitglieder geworben. Der Verein hat heute (2014) rund 500 Mitglieder. Es sind rund 100 aktive Mitglieder, die den Verein und die Aktivitäten ehrenamtlich tragen. Sie werden begleitet und unterstützt von vier Sozialpädagogen, die die altoba finanziert. Das Angebot reicht vom Yoga- und Computerkurs über die Krabbelgruppe bis zur Kaffeetafel für Senioren. Die Aktivitäten, mit einem leichten Schwerpunkt für Senioren, sind sehr unterschiedlich. So manche Trends wurden im Laufe der Jahre in den Nachbarschaftstreffs deutlich, manches blieb, anderes verschwand nach einer Weile wieder. Das Prinzip der Selbstorganisation, maximal mit einer Aufwandsentschädigung unterstützt, macht es möglich. Etwa 4.000 Besucher nutzen die Angebote im Jahr, rund 60 Gruppen treffen sich.

Das Sozialmanagement wandte sich von Beginn an, das war Ziel des Konzeptes, an unterschiedliche Altersgruppen. Erreicht werden viele ältere Menschen, doch auch Kinder und Familien nutzen die Angebote. Und die Gruppe der vielbeschäftigten Berufstätigen wird eher indirekt erreicht. Denn es gefällt vielen, dass die Genossenschaft sich um ältere oder in Not geratene Nachbarn kümmert, weil sie selbst keine Zeit finden oder haben.

Die Mitarbeiter des Sozialmanagements arbeiten mit ihren Kollegen in der Vermietung eng zusammen. Mietschuldner, Messies, Konflikte im Treppenhaus, Begleitung bedürftiger oder schwieriger Mieter, die Einsätze sind sehr unterschiedlich. Doch der Einsatz lohnt, das Sozialmanagement hat bewiesen, dass „es sich rechnet".

”Es sprach mich eine ältere Dame an, die mir sagte, dass sie regelmäßig zum Einkaufen zu dem damals kleinen Kaufhaus der Produktion an der Ecke Behringstraße ginge. Und früher sei sie zum Einkaufen von ihrer Wohnung durch die gesamte Wohnanlage gelaufen und wieder zurück. Sie hätte ausgepackt und das sei es gewesen.

Jetzt aber, wo sie im Nachbarschaftstreff und auch durch die verschiedenen Ausflüge viele Mitglieder in dieser Wohnanlage kennengelernt hat, sagt sie: ‚Ich komme gar nicht mehr hin und zurück, ohne dass ich nicht mindestens vier-, fünf- oder sechsmal von Leuten angesprochen werde. Nach dem Motto ‚War das nicht schön gestern Abend‘ oder ‚Sehen wir uns heute wieder?‘ – und Sie glauben es nicht, Herr Blöcker, wenn ich in meiner Wohnung ankomme, habe ich dieses Gefühl: Ich bin nicht mehr allein.‘

Uwe Blöcker, Mitbegründer des Sozialmanagements

„Ein wenig erinnert das Ganze an die berühmte allumfassende Sinnfrage, die in dem 1980er-Jahre-Kultbuch ‚Per Anhalter durch die Galaxis' dem Computer ‚Deep Thought' gestellt wird. Er ermittelt nach langen Berechnungen und Analysen eine einzige Zahl – die Zahl 42. Ähnlich das Bochumer Institut. Es errechnete für die altoba die Zahl 13,7. Doch anders als der fiktive Computer im Science-Fiction-Roman erläuterte Michael Neitzel von InWis den Genossenschaftsvertretern bei der Präsentation der Projektergebnisse, wie man zu dieser Zahl gelangt war.

Die Antwort lautet: „13,7"

oder „Was ist sie wert, die Mitgliedschaft bei den ‚Unverkäuflichen'?"

Wohnungsgenossenschaften bieten ihren Mitgliedern mehr als nur eine Wohnung. Die Förderung der Mitglieder ist das grundlegende Prinzip dieser Unternehmensform. Doch lässt sich der Wert einer Mitgliedschaft überhaupt ermitteln? Dieser Frage ging das Bochumer Forschungsinstitut InWis an der Ruhr-Universität Bochum im Rahmen eines Pilotprojekts nach. 2006 errechnete es am Beispiel einer Wohnungsgenossenschaft erstmals dessen „Mitgliederrendite". Es war der Altonaer Spar- und Bauverein, der diese Studie anregte und sich zur Verfügung stellte.

Die Definition der Wissenschaftler lautete: Die Mitgliederrendite ist der Wert, den ein Mitglied, das bei der Genossenschaft und nicht bei einem anderen Wohnungsunternehmen wohnt, ohne die Zahlung zusätzlicher Entgelte verbuchen kann. Verbuchen ist nicht materiell gemeint. Diese Rendite wird nicht als Dividende ausgeschüttet, kommt den Mitgliedern jedoch in Form von Leistungen und Angeboten zugute.

Ein wenig erinnert das Ganze an die berühmte allumfassende Sinnfrage, die in dem 1980er-Jahre-Kultbuch „Per Anhalter durch die Galaxis" dem Computer „Deep Thought" gestellt wird. Er ermittelt nach langen Berechnungen und Analysen eine einzige Zahl – die Zahl 42. Ähnlich das Bochumer Institut. Es errechnete für die altoba die Zahl 13,7. Doch anders als der fiktive Computer im Science-Fiction-Roman erläuterte Michael Neitzel von InWis den Genossenschaftsvertretern bei der Präsentation der Projektergebnisse, wie man zu dieser Zahl gelangt war.

Die Bochumer Forscher hatten sämtliche Zusatzleistungen der Genossenschaft, die über das Wohnen hinausgehen, untersucht und berechnet. Besonders zählten Angebote, die nur wenige Unternehmen vorhielten: Dazu gehörten die Leistungen der Spareinrichtung, die des Vereins „Vertrautes Wohnen“ und der altoba-card, die im Stadtteil bei ganz verschiedenen Unternehmen Vergünstigungen gewährt.

Hervorgehoben wurden auch die langen Öffnungs- und kurzen Wartezeiten im Mietercentrum sowie die Attraktivität der Außenanlagen. In die Berechnung mit einbezogen wurden auch andere Faktoren wie die Leistungen der Wohnanlagenmanager, die Angebote der Mieterbeteiligung sowie die Auswahlmöglichkeiten bei Modernisierungs- und Neubauvorhaben. Es zählten die hohen Modernisierungsstandards und die Zertifizierung von Wohnungen, die Heizkostenersparnisse nach energetischen Modernisierungen, Faktoren wie das organisierte Kunden- und Beschwerdemanagement sowie das Leitbild.

Mit eigens entwickelten Formeln wurde dann der Mehrwert für die Mitglieder berechnet. Dieser gilt im Vergleich mit anderen Mietverhältnissen, unabhängig von der Unternehmensform Genossenschaft. Doch es stellte sich die Frage, wie genossenschaftliche Angebote, die nicht von allen Mitgliedern genutzt werden, beispielsweise die Einrichtungen des Sozialmanagements, zu bewerten sind. Oder wie sollte man mit Investitionen der Genossenschaft umgehen, von denen nur ein kleiner Kreis direkt Betroffener profitiert, beispielsweise die Ausgestaltung eines Innenhofs? Das Bochumer Institut schlug vor, neben der Rendite eines durchschnittlichen Mitglieds die Ausweisung einer nutzerorientierten Mitgliederrendite vorzunehmen. Man führte den Begriff einer Maximalrendite ein. Misst man die Leistungen für die jeweiligen Nutzer, wird der maximal erreichbare Mehrwert eines Mitglieds in Teilen berechenbar, im Falle der „altoba“ wären das erkleckliche rund 420 Euro jährlich.

Ein solch gutes Ergebnis kam nicht unerwartet, beeindruckte die Verantwortlichen der altoba dennoch. Die Genossenschaft bietet mit ihrem differenzierten Leistungsspektrum den Mitgliedern einen erheblichen Zusatznutzen, das war bewusst. Neu war die Möglichkeit, diesen von nun an zu berechnen. Die Rendite des durchschnittlich die Angebote nutzenden Mitgliedes lag demnach 2006 bei 206,43 Euro pro Jahr. Die maximal mögliche Rendite eines Mitgliedes, das alle Angebote nutzen würde, betrug sogar 423,92 Euro pro Jahr. Das war natürlich ein Gedankenspiel, doch bezogen auf die Genossenschaftsanteile bedeutete dies eine zusätzliche Dividende von durchschnittlich 13,7 Prozent. Die Dividende des Durchschnittsmitgliedes lag daher bei insgesamt 17,7 Prozent.

Aber warum sollten oder wollten Wohnungsgenossenschaften plötzlich einen Mehrwert berechnen, der bei einem Blick in Gesetz und Satzung zwar nicht in Zahlen, aber durch das genossenschaftliche Prinzip doch offenkundig war? Dazu ein kurzer Blick in die Themen der Wohnungswirtschaft dieser Jahre:

Zur Zeit dieses Pilotprojektes standen etliche kommunale Wohnungsunternehmen im Bundesgebiet vor der Gefahr, von ihren größtenteils stark verschuldeten Kommunen veräußert zu werden. Seit 2005 kursierte der Begriff der „Heuschrecken". Gemeint waren damit Investoren, für die allein die Rendite zählte, die Wohnungen in großer Zahl aufkauften, Gewinn daraus zogen und dann wieder verkauften. Mit meist verheerenden Folgen für die Quartiere.

Die entstehende Verunsicherung bekamen in einigen Regionen auch die Genossenschaften zu spüren. Für die eigene Unternehmensform zu werben und diese zu erklären, wurde auch für die „Unverkäuflichen" zur Aufgabe.

2006 entwickelte das Berliner kommunale Wohnungsunternehmen degewo als Reaktion auf die Verkaufsdiskussionen den Begriff der Stadtrendite. Dieser setzte sich schnell durch. Bei diesem Ansatz wird der Gesamtgewinn, den ein Wohnungsunternehmen für sich und sein gesellschaftliches Umfeld erwirtschaftet, genau errechnet und somit objektivierbar.

Das Bochumer Institut übertrug diesen Ansatz auf Wohnungsgenossenschaften, die ebenfalls nicht allein nach ihrem wirtschaftlichen Erfolg zu beurteilen sind. „Analog zur Stadt- bzw. Sozialrendite kann bei einer Wohnungsgenossenschaft von einer Rendite für die Mitglieder gesprochen werden." So Neitzel bei der Vorstellung des Verfahrens.

Selbst diese so differenziert berechnete Mitgliederrendite erfasste nicht alle Maßnahmen, die den Mitgliedern nützen: Denn ein großer Teil der vom Altonaer Spar- und Bauverein erbrachten Leistungen kommt den Mitgliedern gar nicht unmittelbar zugute. Dazu zählte man Neubaumaßnahmen für höhere Einkommensschichten ebenso wie die einzelnen Bestandsmodernisierungen. Diese sind jedoch notwendig, um die Zukunftsfähigkeit der Genossenschaft und damit auch der Anteile jedes einzelnen Genossenschaftsmitglieds sicherzustellen. Sie fanden jedoch nur Eingang in die Berechnung der Mitgliederrendite, wenn sie den aktuellen Mitgliedern Leistungen boten. Zentrale Leistungen der altoba, wie die Stärkung der Nachbarschaften und des ehrenamtlichen Engagements, wirken sich positiv auf die Wohn- und Lebensqualität der Mitglieder aus, lassen sich aber nicht für den Einzelnen berechnen. Dabei gehen die Erfolge dieser nachhaltigen Investitionen weit über den finanziellen Einsatz hinaus.

Unter dem Summenstrich des Institutes ging es weiter: Die tatsächliche Rendite der meisten Mitglieder des Altonaer Spar- und Bauvereins sei daher noch höher als die ermittelte einzuschätzen. Die Prognose dazu lautete, dass der Mehrwert und damit der Grad der Zufriedenheit unter den Mitgliedern mit jeder Leistung steigt, die über die Mindestanforderungen an ein Wohnungsunternehmen hinausgeht, das heißt die Bereitstellung von Wohnraum zu einem angemessenen Mietpreis.

Auch wenn sich der Ansatz der Mitgliederrendite bei Genossenschaften in der öffentlichen Diskussion bislang wenig durchgesetzt hat, eine Rolle spielte dabei auch der mit Ein-

setzen der Finanzkrise ab 2009 schlecht bewertete Begriff der Rendite – es stellte weit mehr als ein Rechenspiel dar, was das Bochumer Institut über den Altonaer Spar- und Bauverein 2006 herausgefunden hatte. Nicht ohne Grund griffen die Fachpresse und andere Genossenschaften diesen Ansatz auf und berichteten darüber.

Das Ergebnis macht selbstbewusst. Es unterstützt Vorstand und Mitarbeiter bei Diskussionen um den Mehrwert von Genossenschaften, sei es im Kontakt mit Mitgliedern oder der Öffentlichkeit. Es bietet schlagkräftige Argumente für Verhandlungen beispielsweise mit Politik und Kommune, eröffnet Ansätze für Projekte mit Kooperationspartnern und vieles mehr.

Selbst wenn das Ergebnis bei der altoba nicht an die berühmte Zahl „42“ heranreichte: Dafür ging es wesentlich schneller. Der fiktive Computer benötigt im Roman 7,5 Millionen Jahre.

„Selbst die im Barrikadenkampf geübte Hausbesetzerszene der Hamburger Hafenstraße hatte den genossenschaftlichen Gedanken für sich entdeckt. Auch Netzwerke wie das in Hamburg entstandene ‚Recht auf Stadt' trugen mit dazu bei, das Image der Genossenschaften zu heben. Die Wohnungsgenossenschaften gingen als die ‚Guten' aus der Auseinandersetzung mit Investoren, dem Streit um Neubauten und Grundstücke hervor.

Neue Energie für die Unternehmensform

7

Die Unternehmensform Wohnungsgenossenschaft gewinnt immer mehr Anhänger

Im internationalen Jahr der Genossenschaften 2012 veranstaltete die Universität Hamburg eine Ringvorlesung zum Thema „Genossenschaften". Als Referenten geladen waren auch Leute aus der Praxis – unter ihnen Holger Kowalski. Er stellte den Altonaer Spar- und Bauverein vor. Gleich zu Beginn überraschte er das Auditorium, als er aus seiner Tasche eine Dose Bohnerwachs zog, sie öffnete und reihum gehen ließ. „Schnuppern Sie bitte mal, die Jüngeren unter Ihnen werden den Geruch von Bohnerwachs gar nicht mehr kennen." Bohnerwachs als Metapher für biedere Langeweile habe jahrzehntelang das Image der Genossenschaften geprägt, so Holger Kowalski. Sauber, ordentlich, gleichzeitig aber auch langweilig und spießig. „Genossenschaften? Das ist doch etwas für alte Leute", hörte man häufig.

Davon konnte 2012 keine Rede mehr sein. Längst waren Genossenschaften wieder „in" geworden. In den boomenden Großstädten hatten die einen das genossenschaftliche Wohnen für sich entdeckt, weil sich Genossenschaften in Zeiten von immer knapper werdendem Wohnraum als solide Partner mit stabilen und bezahlbaren Mieten und einem kundenorientierten Service erwiesen hatten. Viele kommunale Wohnungsbaugesellschaften waren an private Investoren verkauft worden, darunter auch an „Heuschrecken", die sich schnell zum Schrecken der Mieter entwickelten. Da konnten Wohnungsgenossenschaften mit lebenslangem Wohnrecht und dem Prinzip „Mensch vor Rendite" leicht punkten.

Andere hatten verstanden, dass der genossenschaftliche Gedanke Raum für Utopien bot. Die Entwicklung der Genossenschaften, die lange Zeit an einem Endpunkt angekommen schien, erwies sich als ausbaufähig. Baugemeinschaften und Wohnprojekte organisierten sich genossenschaftlich oder schlüpften unter das Dach einer Traditionsgenossenschaft. Selbst die im Barrikadenkampf geübte Hausbesetzerszene der Hamburger Hafenstraße hatte den genossenschaftlichen Gedanken für sich entdeckt. Auch Netzwerke wie das in Hamburg entstandene „Recht auf Stadt" trugen mit dazu bei, das Image der Genossenschaften zu heben. Die Wohnungsgenossenschaften gingen als die „Guten" aus der Auseinandersetzung mit Investoren, dem Streit um Neubauten und Grundstücke hervor.

Die Politik war schon vorher auf den Zug gesprungen. 2002 rief die von Kanzler Gerhard Schröder geführte Bundesregierung eine Expertenkommission Wohnungsgenossenschaften ins Leben. Die Arbeit der Kommission und der veröffentlichte Bericht mit zahlreichen Empfehlungen an die Politik und die Unternehmen wirken bis heute nach. Die wohnungswirtschaftlichen Verbände und etliche Wohnungsgenossenschaften reagierten und gingen mit dem Thema Genossenschaft stärker an die Öffentlichkeit. Einzelne genossenschaftliche Vorhaben wurden wissenschaftlich begleitet, es wurden zahlreiche Wettbewerbe ausgerufen und zu Veranstaltungen innerhalb der Branche eingeladen.

Wissenschaftler wie der 1991 verstorbene Klaus Novy, ein Vordenker der jungen und neuen Genossenschaftsbewegung in den 1980er-Jahren, trugen dazu bei, den Genossenschaftsgedanken zu aktualisieren und neu zu beleben. Man entdeckte die Leistungen der Vorgänger, die die Ideale der Sozialreformer mit einem hohen baukulturellen Anspruch verbanden, und die nicht nur Wohnungen, sondern auch Einrichtungen wie Bibliotheken, Kindergärten, Gaststätten oder Turnhallen für die Mitglieder bauten. Eine mögliche Inspirationsquelle auch für die Lenker der großen Wohnungsgenossenschaften von heute.

Doch die Bewegung nahm an Fahrt auf und 2006 gründeten Wohnungsgenossenschaften – der Impuls kam aus Hamburg und Berlin – schließlich die Marketinginitiative der Wohnungsbaugenossenschaften Deutschland. Ziel ist es bis heute, gemeinsam für mehr Aufmerksamkeit für Wohnungsgenossenschaften zu sorgen. Und nicht nur die Deutschen wurden auf das Genossenschaftswesen aufmerksam. Ein Höhepunkt war das von der UNO 2012 ausgerufene Internationale Jahr der Genossenschaften.

Wohnungsgenossenschaften gerieten demnach als Wirtschaftsunternehmen und zugleich als mögliche Orte neuer Lebensformen in den Fokus. Doch trotz – vielleicht auch wegen – der neuen Aufmerksamkeit für die Unternehmensform und der daraus resultierenden starken Nachfrage nach genossenschaftlichem Wohnraum genossen viele Genossenschaften die unerwartete Popularität, ohne sich weiterzuentwickeln.

Für Innovationen waren jedenfalls – mit wenigen Ausnahmen – lange Zeit andere zuständig. 1983 war der Wohnbund e.V. gegründet worden, ein Netzwerk von Pionieren neuer Wohnformen. Die kleinen, idealistischen jungen Genossenschaften, die zum Teil aus der alternativen Szene kamen, waren experimentierfreudiger. Hier war man konkret auf der Suche nach neuen Lebens- und Wohnformen – die einen mit politischem Anspruch, die anderen mit dem Wunsch, sich im genossenschaftlichen Rahmen von Selbsthilfe, Selbstbestimmung und Selbstverwaltung selbst zu verwirklichen. Unter Überschriften wie „gemeinsam alt werden" entdeckten nun auch künftige und jetzige Senioren das Modell der genossenschaftlich organisierten Senioren-WG für sich. Die großen Traditionsgenossenschaften verblieben dagegen noch lange Zeit im Adenauer'schen Diktum: „Keine Experimente".

Zu verschieden waren die Akteure, nur wenige Pioniere beider Seiten bewegten sich aufeinander zu. Der Altonaer Spar- und Bauverein gehörte bereits früh dazu. In Hamburg, eine der Hochburgen von Wohnungsgenossenschaften, Baugemeinschaften und Wohnprojekte-Gruppen, trieb die Politik diese Annäherung indirekt voran. Das öffentliche Bauland in den begehrten Szenevierteln und innenstadtnahen Lagen wurde ein knappes Gut, um das sich sowohl die Projektgruppen als auch die Baugenossenschaften bewarben. Lange Zeit wurden diese Grundstücke allein nach Ermessen der Stadt vergeben, dann nach dem Höchstgebotverfahren – ein Vermarktungsweg, bei dem beiden Interessentengruppen schnell die Luft ausging. Die privaten Bauunternehmen, die häufig das Rennen machten, verfolgten andere Interessen, es entstanden immer mehr Eigentumswohnungen.

Die politische Weichenstellung, öffentliches Bauland nach einem Konzeptverfahren zu vergeben – das für das Quartier beste Konzept sollte den Zuschlag erhalten –, brachte die Projektgruppen zusammen. Vielen Baugemeinschaften fehlte das Geld und die Erfahrung, sich ihr Haus selbst zu bauen, so dass sie das Angebot der Traditionsgenossenschaften annahmen, unter deren Dach zu schlüpfen. Für beide Seiten war es eine Win-win-Situation. Die Genossenschaften kamen an Bauland, wenn sie in ihrem Konzept die Zusammenarbeit mit Baugemeinschaften angeben konnten – später kamen auch noch andere Konzepte wie Dementen-Wohngemeinschaften, Kindertagesstätten u.a.m. hinzu. Und die Baugemeinschaften konnten in dem dann errichteten Neubau ein oder zwei Treppenhäuser mit Wohnungen für ihre Mitglieder, die dann auch Mitglieder der Alt-Genossenschaft werden mussten, in Anspruch nehmen.

Neben den traditionellen Baugemeinschaften, die sich ihr Haus in Eigenregie bauten und sich dazu zum Teil als Genossenschaft organisierten, entstand die Gruppe von Wohnprojekten, die mit einer bereits bestehenden Genossenschaft zusammenarbeiteten. Der Wohnbund e.V. schätzte die Zahl der Wohnprojekte 2011 bereits bundesweit auf 500 bis 600, etwa

22.500 Menschen wohnten demnach in Wohnprojekten. Die Stadt Hamburg unterstützt seit Jahren Wohnprojekte durch die Agentur für Baugemeinschaft und durch Fördermaßnahmen der Hamburgischen Investitions- und Förderbank. Auch die wohnungswirtschaftlichen Verbände helfen Neugründern inzwischen umfassend durch Beratungen.

Komm in die Gänge, hieß es im August 2009 in Hamburg. Da besetzten rund 200 Künstler das sogenannte Gängeviertel, ein heruntergekommenes, leerstehendes historisches Ensemble in der zentral gelegenen Neustadt. Im November 2010 wurde die Gängeviertel Genossenschaft 2010 eG gegründet. Die Gründer warfen einen eigenen Blick auf genossenschaftliche Prinzipien und schrieben: „Es geht um die Freiheit, selbst zu entscheiden, welche Entwicklung die richtige ist. Die Genossinnen und Genossen übernehmen durch ihre Mitbestimmung Selbstverantwortung. Sie warten nicht auf Lösungen, sondern kümmern sich selbst."

Ihre Dinge selbst in die Hand genommen und dafür eine genossenschaftliche Form gewählt haben 2013 auch die Gründer der Genossenschaft Fux, ein Zusammenschluss von Künstlern und Gewerbetreibenden. Ein selbstverwaltetes Arbeits- und Gewerbequartier soll in der Altonaer Viktoriakaserne entstehen, Grundstück und Gebäude will man von der Stadt Hamburg erwerben.

Die Fux eG (i. Gr.) durchläuft 2014 den Prüfungsprozess und wirbt in dieser Zeit um Unterstützung. Sie richtet den Blick auf ein anderes genossenschaftliches Prinzip: „Neue Genossenschaften werden vom Genossenschaftsverband sehr gründlich geprüft", heißt es, „weshalb die Genossenschaft als sehr solide, langlebige und krisensichere Rechtsform gilt."

Die genannten „jungen Wilden" sind nicht die einzigen Neugründer. Wer danach Ausschau hält, findet eine Vielzahl von Neugründungen außerhalb der Wohnungswirtschaft: Energiegenossenschaften stellen die größte Gruppe, Stadtteilgenossenschaften entstehen ebenso wie Genossenschaften, die Krankenhäuser, Kulturzentren oder Stadtteilzeitungen betreiben.

2012 suchte der inzwischen verstorbene Mitgründer des bekannten Kulturzentrums FABRIK in Ottensen, Horst Dietrich, das Gespräch mit Holger Kowalski. Die Fabrik überlegte, sich in eine Genossenschaft umzuwandeln. 2014 fragte die digitale Stadtteilzeitung Altona-Info nach, was es mit der Unternehmensform Genossenschaft auf sich habe. Man überlege, eine solche zu gründen. Der Vorstand übernimmt gern die Rolle desjenigen, der Auskunft geben kann. Die neue Energie für die Unternehmensform fühlt sich gut an.

„Nicht auf Lösungen von oben warten"

Das Gängeviertel in Hamburg – wie eine junge Genossenschaft die Vorteile der Unternehmensform interpretiert

Im August 2009 besetzten junge Künstler ein leerstehendes, aus Fabrik- und Wohngebäuden bestehendes Gebäudeensemble in der Hamburger Neustadt, um die von ihnen als „Gängeviertel" bezeichneten Häuser vor dem Abriss durch die spekulative Immobilienwirtschaft zu retten. Zehn Mitglieder der Initiative „Komm in die Gänge" gründeten den Verein „Gängeviertel e.V.", der sich dafür einsetzte, das „Gängeviertel" in „ein selbstverwaltetes, öffentliches und lebendiges Quartier mit kulturellen und sozialen Nutzungen" umzuwandeln.

Senat und Bürgerschaft willigten ein, Hamburg kaufte das Areal für 2,8 Millionen Euro von einem niederländischen Investor zurück und verpflichtete sich, die Gebäude denkmalgerecht zu sanieren und sie der 2010 gegründeten Genossenschaft „Gängeviertel eG" zu überlassen. Deren Ziel ist es, die Häuser selbst zu verwalten, um sie als einen nichtkommerziellen, politischen, künstlerischen und sozialen Ort für alle zu bewahren. 2013 wurden die Sanierungsarbeiten begonnen. Neben Künstlerateliers und Gewerberäumen sollen 80 preisgünstige Wohnungen entstehen.

Auf der folgenden Seite finden Sie einen Auszug aus dem Buch „Gängeviertel e.V. (Hg.): Mehr als ein Viertel. Ansichten und Absichten aus dem Hamburger Gängeviertel." – Hamburg / Berlin 2012

„Nach vielen Gesprächen, Recherchen und hitzigen Vollversammlungen rückte die Trägerstruktur der Genossenschaft immer wieder ins Visier. Denn auch, wenn die Genossenschaften die Weiterentwicklung der „wirtschaftlichen Vereine" darstellen, zeichnen sie sich durch ihren basisdemokratischen Charakter aus. Es geht um die Freiheit, selbst zu entscheiden, welche Entwicklung die richtige ist. Die Genossinnen und Genossen übernehmen durch ihre Mitbestimmung Selbstverantwortung. Sie warten nicht auf Lösungen von ‚oben', sondern kümmern sich selbst. Die weiteren Vorteile einer Genossenschaft: Es geht ihr nicht um Dividende und Hierarchie, sondern um Netzwerke und soziale Beziehungen. Gewinne werden in die Projekte und Aktivitäten reinvestiert, die dann den Mitgliedern und Bürgern der Stadt zugutekommen. Jedes Mitglied hat eine Stimme – egal wie viel Anteile es gezeichnet hat. Es wird als Gemeinschaft agiert und für die Gemeinschaft entschieden. Verantwortung wird gemeinsam geschultert. Jedes Mitglied soll durch die Genossenschaft gefördert werden, jeder kann Leistungen der Genossenschaft nutzen. Eine Genossenschaft kann Gebäude und Wohnungen instand setzen, verwalten und Nutzern zur Verfügung stellen. Sie kann soziales und kulturelles Leben fördern, Projekte aufbauen und beheimaten, Aktivitäten initiieren, Beratung leisten und vieles mehr. Es können Arbeitsplätze und eine Plattform für ehrenamtliche Tätigkeiten entstehen. (...)

Die Gängeviertel Genossenschaft 2010 eG (...) wird nach der Sanierung die historischen Gebäude des Gängeviertels verwalten. Damit wird sichergestellt, dass das Gängeviertel dauerhaft vor Immobilienspekulation geschützt ist und ein bereichernder Ort für das öffentliche Leben in Hamburg bleiben kann. Alle sind eingeladen, der Genossenschaft beizutreten. Sie möchten Genossin oder Genosse werden?"

www.gaengeviertel-eg.de

Die Kohlen aus dem Feuer holen

oder „Wie sozial sind die Baugenossenschaften?"

„Wie sozial sind die Baugenossenschaften?" Mit dieser Fragestellung lud Tageszeitung (taz) im Februar 2012 in Hamburg zu einer Diskussion. „Wie arbeiten die Genossenschaften heute?" und „Werden sie ihrer Aufgabe noch gerecht?" lauteten weitere Fragen zur Diskussion.

Auf dem Podium saß der Vorstand des Altonaer Spar- und Bauvereins neben einem Vertreter des Mietervereins zu Hamburg und Vertretern einer Mieterinitiative, die sich gegen den Abriss von Wohnungen einer anderen Genossenschaft in einem Hamburger Stadtteil zur Wehr setzte. Im Publikum saßen neben der Vorstandskollegin Petra Böhme auch einige Mitgliedervertreter. Die Veranstaltung war gut besucht.

Schnell wurde deutlich, dass die Ansichten zum grundsätzlichen Verständnis der Genossenschaften geteilt waren und es notwendig war, das Prinzip der Unternehmensform, ihrer Nachhaltigkeit und auch das der Mitgliederförderung zu erläutern.

„Wie sozial sind die Baugenossenschaften?" taz-Salon in Hamburg, 2012. Auf dem Podium Holger Kowalski neben dem Vertreter des Mietervereins zu Hamburg, Siegmund Chychla

„Ein Vorstand einer Genossenschaft ist schlecht beraten, wenn er im Unternehmen irgendetwas macht, um seine Mitglieder zu ärgern. So kann er ja nicht angetreten sein. Vorstand und Aufsichtsrat werden sicher immer versuchen, so zu arbeiten, dass die Interessen der Mehrheit der Mitglieder nicht nur berücksichtigt werden, sondern im Vordergrund stehen. Es geht nicht darum, Dinge zu verhindern, sondern Dinge gemeinsam auf den Weg zu bringen.

Im Folgenden lesen Sie einige Passagen aus einem Mitschnitt der Diskussion:

Moderator Gerhart Knödler: Wodurch unterscheiden sich Genossenschaften von privaten Wohnungsbaugesellschaften?

Holger Kowalski: Angebote wie ein guter Mieterservice, Nachbarschaftshilfe oder die Einrichtung von Nachbarschaftstreffs sind bei Genossenschaften kein Mittel zum Zweck. Sie dienen nicht der Verbesserung der Rendite, sondern bedeuten Rendite für das Mitglied. Prinzip der Genossenschaften ist die Vereinbarung von wirtschaftlichem Denken und sozialer Verantwortung. Bei uns gibt es zum Beispiel ein genossenschaftseigenes Wohngeld. Welche private Wohnungsbaugesellschaft bietet so etwas an?

Moderator: Wir sollten erst einmal klären, was eine Genossenschaft ausmacht.

Kowalski: Das ist in der Satzung beschrieben. Zunächst hat sie eine sehr lange Tradition und der Zweck einer Genossenschaft ist, die Mitglieder zu fördern. Der andere Zweck ist, den Mitgliedern bei der wohnlichen Versorgung, also der Beschaffung und Vermietung von Wohnraum, behilflich zu sein. Darüber hinaus, das steht zumindest in unserer Satzung, kümmern wir uns auch um soziale und kulturelle Belange unserer Mitglieder. Das ist die Aufgabe. Ansonsten ist nach meinem Verständnis eine Genossenschaft ein demokratisches Gebilde, hat also verschiedene Organe. Eine Vertreterversammlung, einen Aufsichtsrat und einen Vorstand. Die einzelnen Organe haben unterschiedliche Aufgaben. Insgesamt gesehen werden die Aufgaben nach unserem Verständnis so wahrgenommen, dass die Interessen der Mitglieder gefördert werden. Aber das ist das Konstrukt einer Genossenschaft und jedes Mitglied kann sich daran beteiligen, z.B. sich in die Organe der Genossenschaft wählen lassen, um Einfluss zu nehmen. In der Satzung ist beschrieben, wie im

Einzelnen eine Genossenschaft funktioniert, es sind nicht alle gleich. In der Satzung werden Rechte, aber auch Pflichten beschrieben. Und wenn die in einem angemessenen, ausgewogenen Verhältnis wahrgenommen werden, dann funktioniert nach meinem Verständnis Genossenschaft hervorragend. Eine bessere Organisationsform als das kann ich mir schwer vorstellen. Ich bin, solange ich lebe, Mitglied einer Genossenschaft, bin auch in einer groß geworden, und ich bin froh darüber, dass ich für eine Genossenschaft arbeiten kann.

Moderator: Welche Rolle spielen die Vertreter?

Kowalski: Die Vertreter sind diejenigen, die die Interessen der Mitglieder wahrnehmen. Man braucht eigentlich nicht unbedingt eine Vertreterversammlung, man kann auch eine Mitgliederversammlung machen. Es bietet sich natürlich bei 13.500 Mitgliedern wie bei uns an, das ein wenig zu bündeln. Das ist in der Satzung genau definiert, was für Aufgaben die Vertreter haben. Aber es geht ja nicht immer nur darum, was in der Satzung steht, sondern darum, wie das in einer Genossenschaft gelebt wird. Die Vertreter wählen den Aufsichtsrat und der bestimmt den Vorstand. Dass der Vorstand nun die Institution ist, die bestimmt, was in der Genossenschaft passiert, das würde ich mir zwar manchmal wünschen, aber das ist nicht die Realität. Natürlich werden die Geschäfte der Genossenschaft vom Vorstand geführt. Ich will Ihnen jetzt nicht die gesetzliche Definition ausbreiten, aber es findet auf der Grundlage von Unternehmensleitlinien statt. Darin steht, welche Ziele und Leitlinien die Genossenschaft hat. Diese sind in einem Abstimmungsprozess, nicht nur mit Aufsichtsrat und Vertretern, sondern auch den Mitgliedern verabschiedet worden. Insofern gelten diese Grundsätze, die wir gemeinsam haben und leben, für die gesamte Genossenschaft. Der Vorstand kann nicht beliebig vorgehen.

Moderator: Wie stark können sich die Vertreter ins operative Geschäft und in einzelne Projekte einmischen?

Kowalski: Wir diskutieren nicht über Verhinderung, sondern darüber, gemeinsam etwas zu gestalten. Ein Vorstand einer Genossenschaft ist schlecht beraten, wenn er in dem Unternehmen irgendetwas macht, um seine Mitglieder zu ärgern. So kann er ja nicht angetreten sein. Vorstand und Aufsichtsrat werden sicher immer versuchen, so zu arbeiten, dass die Interessen der Mehrheit der Mitglieder nicht nur berücksichtigt werden, sondern im Vordergrund stehen. Es geht nicht darum, Dinge zu verhindern, sondern Dinge gemeinsam auf den Weg zu bringen.

Eine Fragerin aus dem Publikum: Mich interessieren die Rechte der gewählten Vertreter. Sind die irgendwo niedergeschrieben?

Kowalski: Die sind in der Satzung niedergeschrieben. Im Wesentlichen geht es ganz formal darum, über den Jahresabschluss abzustimmen.

Fragerin: Das ist ja eine Pflicht, kein Recht.

Kowalski: Über den Jahresabschluss abzustimmen, ist ein Recht. Sie könnten dazu auch nein sagen. Es ist eines der elementaren Rechte, über den Jahresabschluss zu beschließen – also über das Ergebnis der Tätigkeit der ganzen Genossenschaft. Darüber hinaus haben Sie auch das Recht, den Aufsichtsrat zu wählen. Auch das ist ein elementares Recht. Denn darüber können Sie die Geschicke der Genossenschaft bestimmen.

Publikum: Herr Kowalski, als ehrenwerter Vertreter einer alten Genossenschaft stehen Sie gut da. Sie müssen die Kohlen aus dem Feuer holen für die, die sich der Diskussion systematisch entziehen.

„ Das Missverständnis, dass Genossenschaften für sozialen Wohnungsbau zuständig seien, hängt auch damit zusammen, dass viele Menschen, ob Mitglied oder nicht, gar nicht so genau wissen, was eine Genossenschaft denn eigentlich ist. Etliche denken sogar, dass die kommunalen Wohnungsunternehmen Genossenschaften seien. Selbst in den Medien findet man diese falsche Gleichsetzung.

Zwischen Idealen und Zahlen

oder „In der Klemme zwischen wirtschaftlichem Auftrag und sozialer Verantwortung"

„Wir sind kein sozialer Reparaturverein. Wir haben eine soziale Verantwortung, aber nur unseren Mitgliedern gegenüber." Wenn der Vorstand des Altonaer Spar- und Bauvereins in der Öffentlichkeit so argumentiert, macht er sich keine Freunde. Doch es gibt Situationen, und diese nehmen zu, wo der Vorstand unrealistische Erwartungen ablehnen und den Auftrag einer Genossenschaft erklären muss.

Zwischen Idealen und Zahlen, zwischen sozialer Verantwortung und der Aufgabe, wirtschaftlich zu handeln, fühlt sich auch ein Vorstand oftmals „in der Klemme". Der Konflikt hat mit den Grundlagen der genossenschaftlichen Unternehmensform zu tun.

Zu den Stärken von Wohnungsbaugenossenschaften zählt das konservativ-solide und satzungsgemäß transparente Geschäftsgebaren. Die Mitglieder erhalten direkt oder über die Vertreter Einblick in die Geschäfte. Genossenschaften wirtschaften nachhaltig, mit einer guten Risikovorsorge. Das führt keineswegs zu Konflikten, denn dieses geschieht mit einer klaren Ausrichtung: Genossenschaften sind ihren Mitgliedern verpflichtet. So steht es im Genossenschaftsgesetz und in der Satzung einer jeden Genossenschaft. Die Mitglieder sind zu fördern. Jedoch, und hier beginnt der (Spiel)Raum, ist im Gesetz nicht weiter festgelegt, wie das zu geschehen hat.

Daneben gibt es das grundlegende Prinzip der Nachhaltigkeit. Die Arbeit von Genossenschaften wie dem Altonaer Spar- und Bauverein ist nachhaltig. Sie muss über Generationen Bestand haben. Man ist nicht nur seinen gegenwärtigen Mitgliedern verpflichtet, sondern auch zukünftigen Generationen. Das bedeutet aber nicht nur, dass man ihnen solide Häuser hinterlassen muss, sondern auch intakte Quartiere. Ein Haus ist nur so gut wie das Viertel, in dem es steht. Nachhaltigkeit ist keine Aufgabe, die mit dem Bau eines Hauses erfüllt ist. Es muss instand gehalten und von Zeit zu Zeit modernisiert werden – notfalls auch trotz der Einsprüche seiner gegenwärtigen Bewohner. Diese müssen akzeptieren, dass bestimmte Investitionsentscheidungen für die Zukunft getroffen werden und sie die Mühen einer Modernisierung durchhalten müssen.

Obwohl die in diesem Sinne handelnden Wohnungsgenossenschaften für ihre Arbeit in der Regel viel Lob erhalten, stehen sie in jüngster Zeit dennoch zunehmend in der Kritik. Besonders in den Ballungszentren hat sich in der öffentlichen Meinung die Ansicht durchgesetzt, Genossenschaften müssten per se gemeinnützig handeln und vor allem günstigen Wohnraum schaffen. Ganz davon abgesehen, dass es die Gemeinnützigkeit als gesetzliche Vorgabe nicht mehr gibt, fühlen sich die meisten Genossenschaften schon aus ihrer Geschichte heraus verpflichtet, neuen Wohnraum auch für „Kleinverdiener" zu schaffen – sowohl frei finanziert als auch öffentlich gefördert. Doch Wohnungsgenossenschaften bieten Wohnungen für alle Schichten der Bevölkerung. Ohnehin bietet die Frage, was letztendlich als günstiger Wohnraum gelten darf, derzeit viel Gesprächsstoff. Viele Kritiker übersehen, dass Bauen angesichts steigender Grundstücks- und Baupreise und ständig neuer Forderungen seitens des Gesetzgebers ein teurer Spaß ist.

Günstig ist eine relative, keine absolute Größe. Immerhin können Genossenschaften wie der Altonaer Spar- und Bauverein für sich in Anspruch nehmen, dass sie sich 2014 mit einer Durchschnittsmiete sehen lassen konnten, die immerhin 20 Prozent unter der Durchschnittsmiete in Hamburg liegt. Natürlich lassen sich solche Preise nicht im Neubau erzielen, sieht man von öffentlich gefördertem Wohnraum ab. Der aber kann nur in Maßen gebaut werden, denn inzwischen sind sich die Stadtentwickler und die Soziologen einig, dass ein gesundes Quartier einen gesunden sozialen Mix braucht. Also müssen sich Genossenschaften schon im Interesse der Quartiere auch im frei finanzierten Wohnungsbau engagieren – es sei denn, sie wollen dieses Feld ausschließlich den privaten Wohnungsbauunternehmen überlassen. Das aber können sie nicht, zumal sie sich auch im Interesse ihrer Mitglieder(förderung) in diesem Segment engagieren müssen. Gut verdienende Mitglieder, die frei finanzierten Wohnraum nachfragen, müssen erwarten dürfen, diesen bei ihrer Genossenschaft zu finden.

Doch zurück zur allgemeinen Vorstellung, dass Genossenschaften für sozialen Wohnungsbau zuständig seien. Dieses Missverständnis hängt auch damit zusammen, dass viele Menschen, ob Mitglied oder nicht, gar nicht so genau wissen, was eine Genossenschaft denn eigentlich ist. Etliche denken sogar, dass die kommunalen Wohnungsunternehmen Genossenschaften seien. Selbst in den Medien findet man diese falsche Gleichsetzung. Und dann lautet die einfache Formel: Die Kommunalen sind für sozialen Wohnungsbau zuständig, die Kommunalen sind Genossenschaften, also sind alle Genossenschaften für sozialen Wohnungsbau zuständig. Wäre im öffentlichen Bewusstsein verankert, dass Genossenschaften keine sozialen Einrichtungen, sondern Selbsthilfe-Organisationen ihrer Mitglieder sind, die sich zu Genossenschaften zusammengeschlossen haben, könnte man sich manche Diskussion ersparen. „Sich zu gegenseitiger Hilfe in einer Gemeinschaft zu verbinden, das ist der einfache Sinn des Genossenschaftsgedankens“, so beschreibt es Helmut Faust in der angesehenen „Geschichte der Genossenschaftsbewegung“.

Es sind diese verlässlich agierenden Organisationen, die langlebigen, nachhaltigen Genossenschaften, die seit Jahrzehnten ihren sozialen Beitrag für ihre Kommunen leisten, indem sie den Wohnungsmarkt entlasten, Quartiere entwickeln und Verantwortung für diese übernehmen. Sie tun das mitunter in größerem Maße als die kommunalen Wohnungsunternehmen, denn sie sind mit ihren Kommunen verwachsen. Wie viele kommunale

Wohnungsunternehmen sind in den vergangenen Jahrzehnten an Unternehmen verkauft worden, für die nur Rendite zählt?

Und dennoch gibt es zwischen den Genossenschaften und den Kommunalen eine Reihe von Gemeinsamkeiten. Beide fühlen sich der Quartiersentwicklung verpflichtet, beide grenzen sich von rein renditeorientierten Investoren und Projektentwicklern ab. So gibt es beispielsweise seit Jahren Kooperationsverträge, in denen Genossenschaften sich verpflichten, obdachlose oder anders bedürftige Menschen aufzunehmen. Das Hamburger Obdachlosenmagazin „Hinz und Kunzt" weist immer wieder darauf hin, dass diese Vereinbarung nicht eingehalten werde. Der Altonaer Spar- und Bauverein hat sich sehr früh hier engagiert und hält die Verabredungen ein. Dennoch sind den Investitionen in Quartiere und diverse Projekte der Stadtentwicklung Grenzen gesetzt. Es bleibt dabei: Eine Genossenschaft kann kein „Reparaturverein" für Versäumnisse der Politik sein.

10

Vom Top Down zum Bottom Up

Die Zukunftswerkstatt

2001 startet die altoba ein großes internes „Bauvorhaben“, das sich über mehrere Jahre erstrecken wird. Gemeinsam mit den Mitarbeitern werden eine neue Unternehmenskultur und zeitgemäße Arbeitsmethoden entwickelt. Das Fundament wurde bereits seit 1986 mit einer Reihe von Seminaren gelegt, an denen Mitarbeiter und Führungskräfte teilgenommen hatten. Die Titel waren Programm: „Mitarbeiter erfolgreich führen“, „Der Mieter kommt zuerst“, „Kommunikation, Kooperation, Konfliktlösung“, „Führungsworkshop mit Führungsstilanalyse“ und „Teamentwicklung“. Themen, die heute vertraut klingen, in den 1980er-Jahren aber keine leichte Kost für die Mitarbeiter waren.

Einige der Seminare fanden in Klausur statt – in der Abgeschiedenheit von Bruhnskoppel, dem zu der Zeit noch bestehenden Seminarhotel des Altonaer Spar- und Bauvereins in Ostholstein. Dort wurde diskutiert, gestritten, aber auch gelacht. Und es ging in Bruhnskoppel zur Sache. Fehlbesetzungen in den Führungspositionen wurden ohne Wenn und Aber angesprochen. Zurück in Hamburg wurden einige daraufhin neu besetzt. Andere Mitarbeiter wechselten auf eigenen Wunsch in andere Abteilungen. Und wieder andere, denen die Neuerungen nicht passten, kündigten.

Mit den Seminaren waren jedenfalls alle für das Thema Neuerungen sensibilisiert. Es war klar, dass es nicht wie bisher weitergehen konnte. Die Einstellung „Das haben wir immer so gemacht“ hatte ausgedient. Doch die alten Strukturen ließen sich nicht über Nacht ändern. Der neue Anspruch, künftig als „lernende Genossenschaft“ zu handeln, blieb in Teilen

Anspruch. Und die Genossenschaft entwickelte sich in unterschiedlichen Geschwindigkeiten. Als beispielsweise ein Mitarbeiter vorschlug, dass man auch die Arbeit der Führungskräfte durch ein Feedback bewerten sollte, erhielt er noch einen Rüffel. Erst zwei Jahre später war die Zeit reif für solche Neuerungen. Auch hielten sich nicht alle an die zwischen dem Vorstand und den Mitarbeitern neu vereinbarten Regeln. Immer wieder hörte man auf den Fluren den verärgerten Ruf des Vorstands: „Wir haben doch eine Vereinbarung, warum hält sich keiner daran?"

Einigen jüngeren, aufstrebenden Mitarbeitern ging das alles viel zu langsam. Gute Mitarbeiter wanderten in andere Unternehmen ab, weil vieles nach wie vor „von oben herab" entschieden wurde. Hinzu kam, dass sie keine wirklichen Aufstiegschancen sahen.

Auch in den Reihen der Mitglieder wuchs der Unmut, die jüngeren Mitglieder waren selbstbewusst. Sie verwiesen auf die besondere Rolle, die sie als Genossenschaftsmitglied hatten. Sie wollten mit ihren Interessen wahrgenommen werden. Und sie waren, das zeigte eine Befragung, mit vielen Arbeitsabläufen unzufrieden. Mit Beschwerden werde nicht gut umgegangen, hieß es, häufig wechselnde Ansprechpartner belasteten das Verhältnis und Weiteres mehr.

Außerdem hatte sich der Wohnungsmarkt in den 1980er-Jahren geändert. Die Wohnungsknappheit war vorüber, einige der alten Wohnungen ließen sich nur noch schwer vermieten. Wäre der Ortsteil Ottensen nicht von den Studenten als billiges Wohnquartier entdeckt worden, hätten dort etliche Altbauwohnungen leer gestanden. Den Studenten war zunächst egal, dass der bauliche Zustand vieler Gebäude zu wünschen übrig ließ. Sie interessierten die günstigen Mieten, die allerdings nur niedrig gehalten werden konnten, weil weder ausreichend in den Neubau noch in die Renovierung des Bestands investiert wurde. Die für die Vermietung zuständigen Mitarbeiter ignorierten jedoch diese Zeichen. Nach wie vor war ihr Verhalten gegenüber

„Mit der Entscheidung des Vorstands, sich bei der Ausarbeitung einer neuen Unternehmensstrategie der Methode der Zukunftswerkstatt zu bedienen, bei der sich alle Betroffenen mit ihren Vorschlägen einbringen konnten, wurde das Projekt auf viele Schultern verteilt. Anstelle der gewohnten Top-down-Entscheidungen vertraute man jetzt den Bottom-up-Vorschlägen. ‚Das Denken in Strukturen hat ausgedient, es geht um Denken und Arbeiten in Prozessen', brachte der Trainer das neue Prinzip auf den Punkt.

Wohnungssuchenden häufig herablassend, wie sie es sich in den Jahren der Wohnungsknappheit angewöhnt hatten, als die Mitglieder Schlange standen, um eine Wohnung zu erhalten. „Schäden reparieren ist Ihre Sache. Nehmen Sie nun die Wohnung oder nicht?", wurde nicht selten ein Wohnungsinteressent zur Entscheidung gedrängt.

Den jüngeren Führungskräften in der Genossenschaft war klar, dass der Investitionsstau bald abgearbeitet werden musste – ein Vorhaben, das angesichts der damit verbundenen Mieterhöhungen mit großen Schwierigkeiten verbunden sein würde.

Der Spar- und Bauverein hatte also trotz seiner nach wie vor beachtenswerten Substanz eine Reihe von Problemen. Die Lösung konnte und wollte der Vorstand nicht allein entwickeln. Die Mitarbeiter sollten einbezogen werden, ihre Vorstellungen berücksichtigt werden. „Zukunftswerkstatt" heißt die Methode, mit deren Hilfe neue Ideen entwickelt werden sollten. Konzipiert wurde die Zukunftswerkstatt von einem Berater, der das Unternehmen viele Jahre als Trainer begleitete, Albert Siepe.

Im Oktober 2001 trafen sich Vorstand, Mitarbeiter und Trainer zu einem ersten Schritt, einer dreitägigen Zukunftskonferenz, auf der vereinbart wurde, eine Zukunftswerkstatt einzurichten. Darunter versteht man eine demokratische Methode zur Entwicklung und aktiven Zukunftsgestaltung von Organisationen. „Mit Phantasie gegen Routine und Resignation", lautet der Titel eines Buches von Robert Jungk und Thomas R. Müllert, den Entwicklern dieser Methode. Und genau darum ging es zu der Zeit: gemeinsame Zugänge zu Lösungen zu finden.

Bei der altoba wurden nun in abteilungsübergreifenden und hierarchiefrei arbeitenden Gruppen Ziele und Projekte erarbeitet. Ein Langzeitvorhaben, das wusste man schon jetzt. Abschluss der ersten Phase sollte im Dezember 2004 sein. Nicht alle Mitarbeiter würden in den Projektgruppen mitarbeiten können und wollen, aber die Gruppen stellten wiederum allen ihre Ergebnisse vor und bezogen so die gesamte Gruppe der

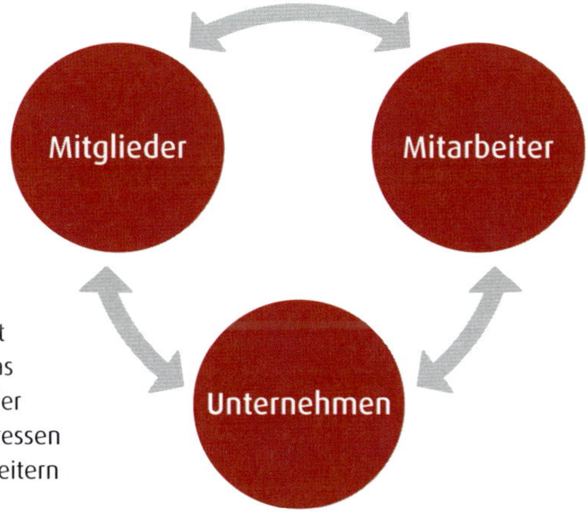

In der Zukunftswerkstatt wurde es entwickelt, das Ideal eines Dreiklangs der gleichberechtigten Interessen von Mitgliedern, Mitarbeitern und Unternehmen

Mitarbeiter mit ein. Die waren begeistert, fühlten sich ernst genommen, wertgeschätzt. Und wussten zu schätzen, dass sie in Fragen des Projektmanagements weitergebildet wurden, dass ihnen externe Berater zur Seite standen und anderes mehr.

Mit der Entscheidung des Vorstands, sich bei der Ausarbeitung einer neuen Unternehmensstrategie der Methode der Zukunftswerkstatt zu bedienen, bei der sich alle Betroffenen mit ihren Vorschlägen einbringen konnten, wurde das Projekt auf viele Schultern verteilt. Anstelle der gewohnten Top-down-Entscheidungen vertraute man jetzt den Bottom-up-Vorschlägen. „Das Denken in Strukturen hat ausgedient, es geht um Denken und Arbeiten in Prozessen", brachte der Trainer das neue Prinzip auf den Punkt.

Eine Steuerungsgruppe und vier Projektgruppen zu den Themen „Mitarbeiter", „Marktbeobachtung", „Dienstleistung" und „Organisation" wurden eingerichtet. Sie arbeiteten intensiv zusammen – manchmal nach Feierabend, aber meistens traf man sich während der Arbeitszeit. Selbstkritisch wurde der Spar- und Bauverein auf den Prüfstand gestellt, aber auch neue Konzepte entwickelt. Ein Ideenmanagement beispielsweise. Dennoch mussten sich einige, als die ersten Ergebnisse vorlagen, vom Vorstand den Vorwurf gefallen lassen, zu zögerlich zu sein. Sie seien nicht visionär genug, müssten weiter „springen". Einige stiegen daraufhin aus den Projektgruppen aus, doch die meisten arbeiteten engagiert weiter.

Betrachten wir kurz die Arbeit der Gruppe „Marktbeobachtung". Sie sollte zukunftsorientierte Daten liefern, die als Grundlage für eine neue Marketingstrategie dienen sollten. Dazu gehörten die Ermittlung demografischer Trends, eine Analyse der Mitgliederzufriedenheit und die Einschätzung möglicher neuer Geschäftsfelder und Kooperationen. Als sie die Ergebnisse ihrer Arbeit präsentierten, brachten sie die Anwesenden zum Schmunzeln, weil sie das Ganze anhand eines Werkzeugkastens demonstrierten. Andere Gruppen hatten einen Videofilm gedreht oder führten Rollenspiele auf. Ein neuer, frischer Wind wehte durch den Altonaer Spar- und Bauverein. Die murrenden, unzufriedenen Mitarbeiter waren wie ausgetauscht. Der Vorstand rieb sich ungläubig die Augen, durchaus mit einzelnen Lachtränen. Ja, so kann man die Mitarbeiter ins Boot holen.

Der durch die Zukunftswerkstatt ausgelöste Prozess wirkte sich schnell auf das ganze Unternehmen aus – das Projektmanagement brachte produktive Unruhe ins Unternehmen. Positive Nebenwirkungen, negative gab es übrigens nicht, ließen sich schnell erkennen. Dazu gehörten die fortschreitende Qualifizierung der Mitarbeiter, die Systematisierung der Aktivitäten und die Erhöhung der Reflexionsfähigkeit. Die Zukunftswerkstatt brachte konkrete Projektergebnisse, die bis heute wirken – von der altoba-card, die Mitgliedern einige Rabatte im Stadtteil verschafft, bis zu freierer Arbeitszeitwahl oder der Einführung des Modells der Lebensarbeitszeit für Mitarbeiter.

Von allen Projekten ist die Erarbeitung eines Leitbildes „altoba 2015" das vielleicht folgenreichste. Denn darin wird die Unternehmenskultur auf den Punkt gebracht. Aber sie wird nicht, wie es häufig in großen Unternehmen geschieht, von oben verordnet. Sie wird gemeinsam mit vielen Mitarbeitern

diskutiert. Für diesen Prozess benötigt man und nimmt man sich Zeit. Aus den Grundlagen wird mit externer Hilfe ein Text erstellt. Die Ziele für die Mitglieder, die Mitarbeiter und das gesamte Unternehmen sind nun festgehalten. Ist es damit fertig, das Leitbild? Keineswegs. Die Genossenschaft wendet sich an die Mitglieder und stellt den Entwurf des Leitbildes zur Diskussion. Und die Mitglieder melden sich zahlreich zu Wort. Ihre Antworten beziehen sich manchmal detailliert auf den Wortlaut, ein anderes Mal kritisieren sie das Geschäftsgebaren, das sich im Leitbild zeige, wieder andere entwickeln ein positives Zukunftsbild ihrer Genossenschaft. Die Zukunftswerkstatt hat der Beteiligung der Mitarbeiter eine neue Qualität und eine Struktur gegeben. Mit dem gemeinsam erarbeiteten Leitbild zeigt sich eine neue Qualität der Zusammenarbeit mit den Mitgliedern, die über deren Beteiligung bei Neubau und Modernisierung hinausgeht.

„Der Aufsichtsrat hinterfragt das Projekt: Entsteht hier nicht ein ‚Verein im Verein'? Wie werden Mitglieder reagieren, die jahrelang auf der Warteliste für eine neue Wohnung stehen, wenn gleichzeitig für eine Gruppe von außen neue Wohnungen gebaut werden? Außerdem gibt es Befürchtungen, dass die Solidarität der Arche-Nora-Frauen in erster Linie der eigenen Gruppe, nicht aber der altoba gehört.

Die Badewanne mitten im Wohnzimmer?

11

Erste Erfahrungen mit Beteiligungsprojekten

„Herr Kowalski, haben Sie einmal einen Moment Zeit?" Auf einer öffentlichen Veranstaltung im Altonaer Rathaus zupft den Vorstand plötzlich eine Frau am Arm. Ihr Anliegen erscheint ihm zunächst seltsam. Die Fragerin gehört zu einem Verein, der sich „Arche Nora" nennt. Hier haben sich ältere, allein lebende Frauen zusammengefunden, die ein Ziel verbindet. Sie wollen ein Wohnprojekt starten und in ein Haus ziehen, in dem sie gemeinsam leben können. Sie haben verschiedene Pläne hin und her gewälzt – einer sieht vor, unter das Dach einer bestehenden Genossenschaft zu schlüpfen, die ihnen ihre Wohnungen baut und sie an die Frauen der Gruppe vermietet. Der Verein bietet der Genossenschaft die Mietsicherheit, dafür erwartet er im Gegenzug einige gesonderte Mitspracherechte für die Frauen des Projekts. So wollen sie alleine über Nachmieter entscheiden dürfen. Holger Kowalski stimmt schließlich zu, das Projekt zu prüfen.

Auch wenn das Arche-Nora-Projekt neuartig war, hatte der Altonaer Spar- und Bauverein doch schon seit zehn Jahren Erfahrungen mit ähnlichen Gruppen sammeln können. Das begann 1990 – mit einem ganz normalen Termin. Die Architektin Beata Huke-Schubert kommt zu einer Besprechung in Holger Kowalskis Büro. Nachdem man sich über die Lage in Hamburg und Altona ausgetauscht hat, kommt sie „zur Sache". Was Holger Kowalski davon halten würde, in Ottensen einen Neubau zu errichten, bei dem die zukünftigen Mieter an der Planung beteiligt würden? Die Reaktion kommt postwendend: „Gar nichts!" Die Rechte der Mitglieder sind klar festgelegt. Die Genossenschaft fördert sie durch den Bau von Wohnraum, Mitgliedervertreter und Aufsichtsrat sind als Organe in den Beteiligungsprozess eingebunden – das alles steht im Genossenschaftsgesetz. Man kommt den Mitgliedern entgegen, wenn es um die Modernisierung ihrer Häuser und Wohnungen geht, aber eine Beteiligung von einzelnen Mitgliedern bei der Planung ihrer Wohnungen? Nein, die ist nicht vorgesehen und auch nicht gewünscht. Wo soll das hinführen? Soll man sich mit Mitgliedern auseinandersetzen, die sich goldene Wasserhähne wünschen? Was werden sie alles verlangen, die Nimmersatt-Raupen aus Altona? Kowalski gießt der Architektin eine zweite Tasse Kaffee ein und überlegt, wie er den Termin möglichst diplomatisch schnell beenden kann.

Doch im Grunde kann er der Idee etwas abgewinnen. Bis dahin hatten die Genossenschaft und die Architekten bestimmt, wie die Wohnungen auszusehen hatten, die man für die Mitglieder baute. Aber wussten diese nicht viel besser, in welchen Wohnungen sie ihr Leben verbringen wollten? Auch das Grundstück, um das es geht, ist interessant. Und nicht zuletzt wird es gut sein, den Mitgliedern eine neue Form der Kommunikation zu bieten. Kowalski lenkt ein, und es beginnt

Mitgliederbeteiligung bei Neubau, Workshop 2010

eine intensive Zusammenarbeit mit dem in Beteiligungsfragen bereits erfahrenen Architekturbüro Huke-Schubert, heute Huke Schubert Berge.

Das erste Projekt auf der Zeisewiese wird ausgesprochen positiv in der Presse gewürdigt. Die Bildzeitung berichtet: „Tolle Idee vom Altonaer Spar- und Bauverein: Hier dürfen die Mieter selber planen." Die Genossenschaft baut auf der Zeisewiese 20 Wohnungen mit Mitgliederbeteiligung ab Entwurf und eben so viele mit Beteiligung ab Rohbaufertigstellung. Die restlichen 40 Wohnungen entstehen ohne Beteiligung, alle Wohnungen werden im 1. und 3. Förderweg gefördert.

Es ist ein Projekt mit ungewöhnlichen Nachbarn: Neben dem altoba-Haus entstehen Wohnungen für Projekte wie „Villa Konsens", eine selbst organisierte Wohngruppe. Sie baut teils öffentlich geförderte Eigentumswohnungen, eine Gruppe namens „Rosaluxuslilalotterburg" baut öffentlich geförderte Wohnungen für alleinerziehende Frauen. Auch private Investoren beteiligen sich mit einer Kita und frei finanzierten Mietwohnungen.

Die Mitglieder mitsprechen lassen, das klang einfacher, als es war: Beteiligung, das bedeutet erst einmal viele zeitaufwändige Besprechungen. Man registriert erstaunt, wie unterschiedlich die Vorstellungen der Teilnehmer sind. Einige monieren in den Workshops, dass ein Beteiligungsverfahren, gemessen an völliger Selbstverwaltung, nur ein „Top-down"-Verfahren sei. Andere Mitglieder äußern sich dagegen anerkennend, dass die Genossenschaft den Prozess vorantreibt, indem sie auch mal Entscheidungen trifft, ohne alle einzubeziehen. Man selber habe gar nicht so viel Zeit, alles auszudiskutieren, heißt es erleichtert.

Doch die Basis der Beteiligung ist und bleiben die Besprechungen und Workshops, bei denen alle zusammenarbeiten. So wird beim Wochenend-Workshop im altoba-eigenen Seminarhotel in Bruhnskoppel eine Planer-Werkstatt mit Metaplanwänden, Arbeitstischen und Styropormodellen eingerichtet. Und es sind alle begeistert bei der Sache. Die anfängliche Skepsis des Vorstands erweist sich schnell als unbegründet. Es wird konzentriert und sachorientiert gearbeitet. Niemand verlangt goldene Wasserhähne, nur wenige Ideen müssen verworfen werden. Eine Badewanne mitten im Wohnzimmer aufzustellen, geht natürlich nicht. Schließlich sollen die Wohnungen ja später auch an andere Mitglieder vermietet werden. Bei einem späteren Beteiligungsverfahren in der Barnerstraße wird ein grundsätzlicher Vorschlag, die Schlafzimmer nicht zur grünen Hofseite auszurichten, angenommen. Von sich aus hätten die Genossenschaft und die Architektin nach „altbewährten" Plänen das Schlafzimmer an der ruhigen Seite des Hauses platziert.

Seinen neugierigen Kollegen aus anderen Genossenschaften kann Holger Kowalski entspannt berichten, dass es keine Probleme gibt. Im Gegenteil, man hat interessante Impulse bekommen und die beteiligten Mitglieder intensiv kennenlernen können. Auch entstehen im Workshop bereits vielversprechende Nachbarschaften. Einziger Wermutstropfen ist, dass das Beteiligungsverfahren das gesamte Bauprojekt in die Länge zieht. Der Vorstand weiß inzwischen auch, welche Grundregeln für faire Beteiligung, unabhängig vom Inhalt, notwendig sind: Es muss feste Regeln geben, Informationen über den Budgetrahmen sind unerlässlich und die Grenzen müssen von Anfang an klar definiert werden.

Die guten Erfahrungen, die man mit dem Projekt Zeisewiesen gemacht hat, ermutigen zu weiteren Beteiligungsangeboten. 2002 geht es um einen Neubau an der Ecke Barnerstraße/Nernstweg, der den offenen Hinterhof des gründerzeitlichen Barnerblocks schließen soll. Die Mitglieder sind bei 19 der insgesamt 49 Wohnungen an der Grundrissgestaltung beteiligt und können auch bei der Ausstattung mitreden.

Eine Teilnehmerin des Workshops wird sogar ihre Diplomarbeit über Beteiligungsmodelle am Beispiel des Altonaer Spar-

Richtfest in der Kleinen Bergstraße in Altona für 55 öffentlich geförderte Wohnungen im Jahr 2012. Nicht nur Mitglieder der Genossenschaft, sondern auch zwei Baugemeinschaften sowie eine Wohngemeinschaft für an Demenz erkrankte Menschen sind dort eingezogen. Auf dem Bild die Gruppe „Arche Nora"

und Bauvereins schreiben. Gleichzeitig startet das erwähnte Projekt Arche Nora. Erstmals bildet sich eine Wohnprojektgruppe nicht aus dem Kreis der bestehenden Mitglieder, sondern es wird für eine von außen kommende Gruppe gebaut, deren Mitglieder zwar Genossenschaftsanteile zeichnen, die aber für andere Mitglieder der altoba verschlossen bleibt. Es sei denn, sie werden Mitglied der Arche Nora. Das ist im Grundsatz möglich, der Verein nimmt weitere Frauen als Mitglieder auf.

Dennoch ist es nicht irgendeine Gruppe: Der Verein Arche Nora wurde 1995 von drei Frauen gegründet, ihre Grundidee entspricht dem genossenschaftlichen Prinzip. Sich zusammenschließen, um gemeinsam eine Verbesserung zu erzielen, in diesem Fall erschwingliches Wohnen in einer Gemeinschaft von Frauen, die gleichzeitig genug Freiraum für die Einzelnen ermöglicht.

Die Zusammenarbeit mit einem Wohnprojekt, das wird schnell klar, verläuft noch einmal anders als die mit zukünftigen Mietern. Es besteht eine ganz eigene „Projektkultur". Die Planung zieht sich auch hier in die Länge, die Zahl der Sitzungen häuft sich, komplizierte Kommunikationsprozesse verlängern die Projektentwicklung.

Auch hinterfragt der Aufsichtsrat das Projekt: Entsteht hier nicht ein „Verein im Verein"? Wie werden Mitglieder reagieren, die jahrelang auf der Warteliste für eine neue Wohnung stehen, wenn gleichzeitig für eine Gruppe von außen neue Wohnungen gebaut werden? Außerdem gibt es Befürchtungen, dass die Solidarität der Arche-Nora-Frauen in erster Linie der eigenen Gruppe, nicht aber der altoba gehört.

Die Bedenken erweisen sich als unbegründet. Das Projekt erweist sich als Erfolg. Zwei weitere Arche-Nora-Projekte folgen. Der Gewinn für die Frauengruppe liegt auf der Hand. Aber auch der Altonaer Spar- und Bauverein profitiert von der Kooperation. Arche Nora bringt eine funktionierende Hausgemeinschaft in die Genossenschaft ein. Da die Frauen einiges an Organisation selbst übernehmen, ist der Verwaltungsaufwand für die Genossenschaft geringer. Und der Imagegewinn für die Genossenschaft ist beträchtlich.

Auch die Mitarbeiter profitieren von der Zusammenarbeit mit den Wohnprojektgruppen – mittlerweile haben sich weitere Gruppen an die Genossenschaft gewandt –, indem sie sich in der Kommunikation auf sie einstellen müssen. Und sie erfahren viel über die neuen Mitglieder, ihre Ziele, Lebensformen und Ideale – Themen, die auch den öffentlichen Diskurs im Stadtteil ausmachen.

Es soll an dieser Stelle nicht verschwiegen werden, dass die Zusammenarbeit mit Wohnprojektgruppen in Hamburg mittlerweile den Zugang zu öffentlichen Grundstücken erleichtert. Die Förderung von Wohnprojekten gehört zu den wohnungspolitischen Zielen des Senats. Der Altonaer Spar- und Bauverein nutzt die sich hier bietende Chance und kann im Umgang mit Wohnprojektgruppen auf einen reichen Fundus an Erfahrung zurückgreifen, da er sich früh auf diesem Feld bewegt hat. Und die Entwicklung geht weiter, in einem Neubau wurden bereits Räumlichkeiten für eine Dementen-Wohngemeinschaft eingerichtet, die von einem regionalen Träger betreut werden.

Wer gute Erfahrungen mit solchen „Experimenten" gemacht hat, ist auch offen für andere Projektideen, die auf den ersten Blick nur wenig mit der bisherigen Arbeit der Genossenschaft zu tun haben. 2009 kommt es, wieder vermittelt durch die Architektin Huke-Schubert, zu einer Zusammenarbeit mit einer Baugemeinschaft, die Eigentumswohnungen bauen will. Die Kerngruppe bildet sich, unterstützt von der altoba, aus Mitgliedern der Genossenschaft. Die Aufgabe der altoba wird in den nächsten Monaten die Baubetreuung sein. Der Projektgruppe werden all die Dinge abgenommen, die sie als Anfänger im Baugeschäft nur mit Schwierigkeiten und unter großem Aufwand würden bewältigen können. Das Projekt Arnoldstraße polarisiert jedoch. Die Vertreter und der Aufsichtsrat finden es langfristig nicht richtig, dass die Genossenschaft den Bau von Eigentumswohnungen unterstützt. Es bleibt vorerst bei diesem Experiment.

„Jede Genossenschaft, jedes Unternehmen braucht eine Kommunikationsstrategie und entsprechende Grundsätze. Die Strategie ist abhängig von der Zusammensetzung der Mitgliedschaft und muss transparent gemacht werden.

Holger Kowalski

20 Regeln für die Kommunikation mit Mitgliedern und Mietern

Mitgliederversammlungen bei Konflikten

01 Versammlungen sind besser als Briefe
02 Lieber eine Versammlung mehr
03 Jede Versammlung bedarf einer guten Vorbereitung
04 Das Ziel definieren
05 Den Rahmen definieren
06 „Versprochen ist versprochen", d. h. Vereinbarungen sichern und einhalten. Auch die Umsetzung kommunizieren
07 Die Raumauswahl sowie Ort und Zeit sind dem Anlass entsprechend auszurichten
08 Die Sitzordnung entspricht dem Anlass
09 Die Technik funktioniert (Beamer, Mikro etc.)
10 Der Gleichstand der Informationen ist hergestellt
11 Alle Zahlen, Daten und Fakten stehen zur Verfügung
12 Es gibt einen Moderator und einen Protokollführer
13 Alkohol ist tabu
14 Teilnehmer, die sehr kritisch eingestellt sind oder stören wollen, setzen sich oft in die letzten Reihen
15 Der Punkt „Verschiedenes" steht am Anfang. Anmerkungen und Fragen haben Vorrang
16 Nicht jede Frage muss beantwortet werden
17 Die Haltung der genossenschaftlichen Protagonisten ist aufeinander abgestimmt
18 Versammlungsleiter und Vortragende widersprechen sich nicht, sie greifen sich nicht an oder beleidigen sich
19 Kommt einer der Akteure des Unternehmens in Bedrängnis, übernimmt ein anderer
20 Anschließend Protokolle anfertigen und allen Teilnehmern zustellen

„Das Verhalten des Vorstands wird nach wie vor in Teilen als autoritär empfunden. Der Ton ist rau. Eine Delegierte der Waschhausgruppe ruft bei der Genossenschaft, und fragt, ob der ‚kleine Napoleon' zu sprechen sei. Kommentarlos verbindet die Telefonzentrale sie mit dem Vorstandsbüro. Die Kritik der Gruppe ist weitgefächert. Sie wirft der Genossenschaft Desinformation vor, kritisiert die Zeitpläne als unübersichtlich und einige Mitarbeiter als inkompetent. Die Mitarbeiter müssen bei solchen Gesprächen mehr als einmal innerlich langsam bis zehn zählen, um nicht aus der Haut zu fahren.

„Grüße von der Waschhausgruppe"

oder „Delegation mit Hund. Vom neuen Umgang mit kritischen Mitgliedern"

Mit der Beteiligung von Projektgruppen hat die Genossenschaft gute Erfahrungen gemacht. Sie ist auf dem richtigen Weg, hat einen Zugang zu den neuen Bewohnern des Quartiers gefunden. Scheinbar ist die altoba-Welt im Bereich Mitgliederkommunikation in Ordnung. Doch da lodert an anderer Stelle vollkommen unerwartet ein Konfliktherd auf. Im Innenhof des in den Jahren 1900-02 erbauten sogenannten Barnerblocks stehen gärtnerische Arbeiten an. Außerdem muss der gesamte Block mit seinen über 200 Wohnungen dringend renoviert werden. Doch statt das Wissen aus dem Projekt Zeisewiese auf den Barnerblock mit seinen jungen, unruhigen Bewohnern zu übertragen und das intensive Gespräch zu suchen, tritt die Genossenschaft durch einen unbedachten Aushang eine Lawine los. Diese einzudämmen wird in den nächsten Monaten noch viel Mühe und Arbeit kosten.

Der Aushang der Genossenschaft in den Treppenhäusern des Barnerblocks kommt an einem Freitagnachmittag und sorgt sofort für Aufruhr. „Wegen Baumfällarbeiten ist der Hof in der nächsten Woche nicht benutzbar", heißt es. Die Bewohner der Häuser an der Barnerstraße in Ottensen vermuten einen Kahlschlag bei den Pappeln auf dem Hof. Viele dieser hohen Bäume umrahmen den Hof, der von den Leuten im Barnerblock heiß geliebt wird. Das Gebäudeensemble steht an der stark befahrenen Barnerstraße, direkt gegenüber der international bekannten FABRIK. Im Hinterhof, abgeschirmt durch die hohen Häuser, ist es verblüffend ruhig. Es ist eine Idylle, in der viele Bewohner ihre Freizeit verbringen, eigene kleine Gärten gestalten und sich zwischen Teppichklopfstange und Tischtennisplatte, zwischen Kinderschaukeln und Gartenbänken treffen.

Die Nachbarschaft ist bunt – junge und alte Mieter, Deutsche und Ausländer. Sie stören sich nicht an den alten schmutzigen Fassaden mit ihren langen Rissen, die an Riesengraffiti erinnern. Ihre Idylle will in kein Raster bürgerlicher Idealvorstellungen passen. Egal, es ist ihr Hinterhof. Und jetzt sollen die Pappeln gefällt werden?

Dass Änderungen für den Barnerblock geplant sind, wissen die Bewohner schon lange. Die Genossenschaft hat die umfassenden Modernisierungsmaßnahmen bereits schriftlich angekündigt. Man ist angespannt, aber auch skeptisch, ja misstrauisch. Die Ankündigung, Bäume im Hof zu fällen, nährt das Misstrauen. In allen Treppenhäusern ist es das Gesprächsthema Nummer eins. Im Barnerblock wohnen viele politisch engagierte Leute, die sich solch ein autoritäres Vorgehen, so wird es empfunden, nicht gefallen lassen wollen. Sie wissen, wie man Widerstand organisiert. Schnell werden Forderungen formuliert, mit der Drohung, an die Öffentlichkeit zu gehen, versehen, und Unterschriften gesammelt. 180 Bewohner tragen sich in nur wenigen Stunden in die Liste ein. Am Montagmorgen wird sie von einer Delegation übergeben. Der Vorstand ist vom selbstbewussten Auftreten überrascht und spürt, dass sich hier etwas Unheilvolles zusammenbraut. So etwas hat es noch nie gegeben, auch nicht, dass zur Delegation ein Hund gehört. Eine einschüchternde Geste? Die Delegation ist aufgebracht, der Ton zwischen Vorstand und Mitgliedern ungewohnt aggressiv. „Es wurde damals über unseren Kopf hinweg bestimmt, so haben wir das gesehen", sagt eine der damaligen Delegierten heute.

Die Bewohner tragen ihr Anliegen vor. Sie verlangen, dass ein Nachweis erbracht wird, ob die Fällung notwendig ist, und erwarten einen Aufschub der Aktion. Der Vorstand willigt ein und kann die Delegation beruhigen. Es sind nur zwei kranke Bäume jeweils am Hofrand betroffen.

Die Gruppe ist damit zufrieden, doch im Unternehmen hat dieser Vorfall ein Nachspiel. Ohne diese Kommunikationspanne – eine unüberlegte Formulierung im Aushang – wäre die Protestlawine nie losgetreten worden. Doch jetzt ist ein Stein ins Rollen gekommen, der auch die bevorstehende Modernisierung erschweren könnte. Es ist zu erwarten, dass die Bewohner die Maßnahme kritisch begleiten und in Frage stellen werden.

Die Sorge ist berechtigt. Auch im Barnerblock wird der Fall nicht zu den Akten gelegt. Einige Bewohner treffen sich von nun an regelmäßig im Waschhaus der Genossenschaft, das im Hinterhof steht. Sie hängen dort einen eigenen Briefkasten auf und als „Waschhausgruppe" werden sie sich in den Modernisierungsprozess einschalten. So hat der Protest zu einer ungewollten, besonderen Form der Nachbarschaftsförderung geführt. Lange bevor die Wohnungswirtschaft mit der Idee der Wohnkonzepte arbeitet, lernt die altoba ihre Gruppe der kommunikativ-dynamischen Mitglieder kennen.

Neben der Modernisierung des Barnerblocks muss die Genossenschaft jetzt notgedrungen auch an der Modernisierung ihres Umgangs mit solchen Gruppen arbeiten. Die „Waschhausgruppe" fordert mehr Informationen und Transparenz und scheut keinen Konflikt. Umgekehrt übt sich die Genossenschaft in Konfliktlösung – oder auch -vermeidung. Das gelingt nur nach und nach. Auf Informationsveranstaltungen liefert man sich lautstarke Redeschlachten. Doch mit Hilfe externer Unterstützung in der Kommunikation gelingt es dem Vorstand und den Mitarbeitern, neue konkrete Regeln zu entwickeln, an denen sich nicht nur die Krisenkommunikation mit den Mitgliedern künftig orientieren soll. Man will den Mitgliedern entgegenkommen, wehrt sich nicht gegen ein Mehr an Information und Transparenz – will aber das Geschehen selbst bestimmen. Aus der Not entsteht eine Strategie, die sonst möglicherweise nie so entwickelt worden wäre. Ohne diese Strategie, so die Einschätzung rückwirkend, hätten sich die Bewohner weiter radikalisiert und den Ruf des Unternehmens vermutlich verschlechtert.

Von nun an werden nach jeder öffentlichen Veranstaltung Protokolle erstellt, die, nachdem sie anfangs sogar von Teilnehmern gegengelesen wurden, an alle betroffenen Mitglieder, nicht nur die Teilnehmer, verschickt werden. PowerPoint-Präsentationen kamen bereits seit einiger Zeit bei öffentlichen Veranstaltungen zum Einsatz. Doch eine gute Präsentation allein verfehlt ihre Wirkung, wenn die Inhalte nicht überzeugen.

Dabei kommt die Genossenschaft ihren Kritikern in vielen Fragen entgegen. Es finden viele Einzelgespräche statt, und das Architekturbüro stellt eine eigene Ansprechpartnerin für die Bewohner. Dennoch geraten die Architekten immer wieder in die Kritik – Baupläne und Bauzeiten sind nun einmal eine Herausforderung, zu viel kann sich verschieben bei Handwerkereinsätzen, Materiallieferungen, Arbeitsabläufen. Komplette Transparenz ist eigentlich nicht zu leisten. Andererseits hat man Verständnis – eine Modernisierung in bewohntem Zustand ist eine unbeschreibliche Strapaze. Die meisten Bewohner blieben tatsächlich während der kompletten Bauphase in ihren Wohnungen. Immer noch erinnern sich einige von ihnen mit Schrecken an diese Zeit. „Noch heute, wenn ich einen Schlaghammer höre, stellen sich mir die Haare hoch."

Doch hier zeigt sich ein feiner, aber wichtiger Unterschied. Die Bewohner der Barnerstraße lassen sich unterstützen, die Genossenschaft bietet eine Vielzahl von Maßnahmen zur „Linderung" der Einschränkungen durch die Modernisierung. Doch sie wollten mitsprechen, möchten mehr, fordern den Dialog auf Augenhöhe ein. Selbst die Gärtner bekamen den Ärger der Bewohner zu spüren, wenn die Gartengewächse für die Dauer der Modernisierung versetzt werden mussten.

Es dauerte eine Weile, bis sich die Informationsstrategie der altoba änderte. Doch die Kritik ebbt nicht ab. Die „Waschhausgruppe" agiert in ihrer neuen Rolle. Anders als in späteren

Auseinandersetzungen mit Mitgliedern entsteht wenig Kooperation. Das Verhalten des Vorstands wird nach wie vor in Teilen als autoritär empfunden. Der Ton ist rau. Eine Bewohnerin aus dem Barnerblock ruft bei der Genossenschaft an und fragt, ob der „kleine Napoleon" zu sprechen sei. Kommentarlos verbindet die Telefonzentrale sie mit dem Vorstandsbüro.

Die Kritik der Gruppe ist weitgefächert. Sie wirft der Genossenschaft Desinformation vor, kritisiert die Zeitpläne als unübersichtlich und einige Mitarbeiter als inkompetent. Die Mitarbeiter müssen bei solchen Gesprächen mehr als einmal innerlich langsam bis zehn zählen, um nicht aus der Haut zu fahren. „Man konnte nie so recht trennen, ob man persönlich gemeint war oder nur die Genossenschaft kritisiert wurde", erinnert sich ein Mitarbeiter. Bei allem Verständnis für die Bewohner fand man es doch ungerecht, geradezu feindselig behandelt zu werden. Lange Zeit sei die Atmosphäre ziemlich vergiftet gewesen,

Der Barnerblock, modernisiert von 2003 bis 2005

so der damalige Leiter der Technik. Immerhin habe man „Learning by Doing“ erfahren, was man besser nicht tun und was man auf jeden Fall tun sollte.

Der Streit um die mit der Modernisierung verbundene Mietpreiserhöhung lässt sich exemplarisch an den neuen, aufgeständerten Balkonen ablesen. Da nicht jeder Bewohner die zusätzliche Miete für einen Balkon zahlen kann oder will, bekommen diese wenigen Mieter einen Balkon ohne Boden mit einem Geländer vor der Balkontür oder vor der Terrassentür. Erst beim Auszug wird Balkon oder Terrasse für die Nachmieter eingerichtet und berechnet. Das sei ein fairer Kompromiss, findet der Vorstand. Nicht so die Bewohner, denn jetzt kann jeder Nachbar sehen, dass dieser Mieter sich möglicherweise keinen Balkon erlauben kann. „Ich finde es nicht angemessen, Leuten ein Gitter vors Fenster zu setzen, nur weil sie nicht genug Geld haben“, so ein Mitglied der Waschhausgruppe. „Statt eines gemeinsamen Abschlussfestes nach der Modernisierung bekamen viele von uns – ein Gitter.“

Es schien, als habe man durch das ungeschickte Baumfäll-Rundschreiben die Büchse der Pandora geöffnet. Längst ging es nicht nur um die Modernisierung, sondern u. a. auch um die Höhe der Mieten, der Nutzungsgebühren.

Doch die Mietenstrategie der altoba besagt mehr als eine Markierung in Relation zum Mietenspiegel. Die Genossenschaft ist angesichts einer geringen Eigenkapitalquote und großen anstehenden Modernsierungen mehr denn je auf Mieterhöhungen angewiesen. Doch nach vielen Diskussionen mit dem Aufsichtsrat und den Mitgliedern wurde der Kurs der Mieterhöhungen leicht korrigiert, 2012 sind weitere Differenzierungen eingezogen worden. Die Mieten der Wohnungen aus den

Baujahren um 1900 werden nicht fortlaufend erhöht, wer innerhalb der Genossenschaft umzieht, erhält Sonderkonditionen, es wird keine „Neuvermietung“ daraus, die eine Mieterhöhung auslöst. Zudem hat die Genossenschaft mit der 2007 gegründeten altoba-Stiftung ein Instrument für Notfälle entwickelt: ein genossenschaftseigenes Wohngeld.

Ausgelöst wurde diese Diskussion vor allem durch Begegnungen mit Mitgliedern im Barnerblock. Doch ebenso stark war der Druck von anderen Mitgliedern, beispielsweise aus dem Gerichtsviertel. Wie diskutiert man mit kritischen Mitgliedern über die Mietenfrage? Nicht grenzenlos und nicht bei jeder Nachfrage, besagt die Erfahrung. Aber auf Augenhöhe und mit guten Argumenten, was die Inhalte angeht. Die Kritiker sind ja nicht irgendjemand. Es sind immerhin die Mitglieder der Genossenschaft, die Fragen stellen. Sie haben ein Anrecht darauf, informiert zu werden und unter Umständen auch das Vorgehen der Genossenschaft zu beeinflussen. Man darf keine Scheu haben, sich mit den Mitgliedern öffentlich auseinanderzusetzen. Denn immer wieder sind es Auseinandersetzungen wie diese und gemeinsame Veranstaltungen, die die Entwicklung voranbringen.

„Die Erkenntnis, dass kritische Mieter keine Störfaktoren des Unternehmensablaufs sind, ist auch Bestandteil guter Kundenorientierung. Also ist es eine Selbstverständlichkeit, jeglichen Beschwerden erst einmal mit Offenheit zu begegnen, auch die genannten Schreiben erst einmal zu akzeptieren. Das bedeutet aber keineswegs, mit allem einverstanden zu sein.

„Wo ist der 13er-Schlüssel?"

Handwerkszeug für die Mitarbeiter beim Umgang mit Mitgliedergruppen

„Wir können viel besser mit den Mitgliedern kommunizieren als früher, dennoch wächst uns die Kommunikation manchmal über den Kopf. Wir brauchen eine bessere Ausrüstung." So könnte man die Stimmung im Unternehmen Mitte der 2000er-Jahre beschreiben. Die Beteiligung von Mitgliedern beim Neubau und die Erfahrungen aus der Modernisierung im Barnerblock hatten die altoba weitergebracht. Das Wissen, wie man sich in Kommunikationsprozessen verhalten sollte, war gewachsen. Vorstand und Mitarbeiter entwickelten mit Unterstützung ihrer Berater eigene Regeln, die zwar auf aktuellen Ansätzen der Kommunikationstheorie basierten, jedoch nach und nach zu altoba-spezifischen Regeln, eigenen Instrumenten wurden. Man ruhte sich jedoch nicht auf Erfolgen aus, sondern entwickelte den Baukasten kontinuierlich weiter.

Im unruhigen Altona war die Genossenschaft auch dazu gezwungen. Sie musste Proteste ernst nehmen und auf die Mitglieder zugehen. Zwar waren viele Mitglieder mit der neuen Politik ihrer altoba zufrieden. Dennoch verstummten die Stimmen von Mitgliedern, die Kritik übten, keineswegs. Typisch Altona, dachte man damals. Doch eigentlich gab es überall im Land mehr oder weniger starke Auseinandersetzungen. Großdemonstrationen gegen den G8-Gipfel in Rostock, gegen den Irak-Krieg, der schon traditionelle Widerstand um Atomkraft im niedersächsischen Wendland, die Bewegung „Recht auf Stadt" – weitere Proteste ließen sich leicht aufzählen. Viele junge Menschen schlossen sich neuen und internationalen Protestbewegungen an.

Gleichzeitig beschleunigte die digitale Kommunikation zusehends die Prozesse. 2004 beispielsweise ging Facebook ans Netz. Die Kommunikationsmittel und damit das Kommunikationsverhalten der Nutzer änderten sich rasant. In diesen Jahren erreichte die schriftliche und persönliche Kommunikation mit den Mitgliedern ein hohes Niveau. Die Mitglieder setzten voraus, dass ihre Genossenschaft auf allen Kanälen für sie erreichbar war. Sie griffen zwar nach wie vor am liebsten zum Telefon, meldeten sich aber auch gern persönlich in der Geschäftsstelle und zunehmend auch per E-Mail.

Zur üblichen Kommunikation, die der Alltag mit sich brachte, wurde auch noch jede Menge Konfliktkommunikation ins Haus „gespült". Und diese Kommunikation konnte nur schwer standardisiert werden, so schien es zumindest. Hinzu kam der emotionale Faktor: Mitarbeiter und Vorstand fühlten sich häufig angegriffen, obschon man spürte, dass nicht jeder Disput, jede Kritik, gleich zum Konflikt werden musste. Aber oftmals wussten Mitarbeiter und Vorstand, und vielleicht auch die Mitglieder selbst, nicht genau zu differenzieren. Was war ein wichtiger Hinweis auf einen Mangel, was war berechtigte Kritik? Woran erkannte man bloße Polemik, und warum entstanden auf beiden Seiten ständig neue Dispute?

Moderne Ansätze in der Kommunikation wie das Vier-Ohren-Prinzip nach Friedemann Schulz von Thun, die Kenntnis über unterschiedliche Kommunikationstypen oder Techniken des aktiven Zuhörens, wie von Carl Rogers entwickelt, waren den Mitarbeitern bekannt. Menschen und Probleme getrennt zu behandeln, hatte man mit dem Harvard-Konzept kennengelernt. Das half bei Bedarf im Kontakt mit einzelnen Mitgliedern, für Auseinandersetzungen mit Gruppen war man jedoch weniger gerüstet.

Gleichzeitig wuchs die Erkenntnis, dass Genossenschaftsmitglieder nicht wie Kunden behandelt werden wollten. Beziehungsweise: Sie erwarteten mehr. Um nicht aus jedem Einzelfall ein Pilotprojekt zu machen, wurde versucht, Ereignisse und Protagonisten in Kategorien und damit auch mögliche Strategien einzuordnen. Agieren statt reagieren war das Ziel. Die Frage, ob man aktuell einen 13er-, 17er- oder 18er-Schlüssel brauchte, sollte zukünftig leichter zu beantworten sein. Übrigens, diese drei Schlüssel sind die meistgenutzten Schlüssel in einer Werkstatt.

Was befindet sich also in der „Werkzeugkiste für schwierige Fälle"? Unverzichtbares Instrument ist erst einmal der interne Austausch der Kollegen, die Offenheit dafür, Rat einzuholen. Und man muss auch mit dem Vorstand in Kontakt bleiben. Wichtige Schreiben, dazu zählen nicht nur Briefe im Konfliktfall, sondern alle Schreiben, die viele Mitglieder betreffen, werden dem Vorstand vorgelegt, bevor sie das Haus verlassen. Nicht jeden dieser Briefe bearbeitet er, nimmt aber von jedem Kenntnis.

Vorstand oder Abteilungsleiter holen sich weitere Unterstützung, wenn es nötig ist. Sie ziehen Berater hinzu und tauschen sich direkt mit einzelnen Mitgliedern aus. Bei konfliktträchtigen und problematischen Aufstellungen arbeiteten die beiden Autoren dieses Buches beispielsweise eng zusammen. Die Rollenteilung ist nahezu ideal: Der verantwortliche Vorstand geht in den Dialog mit einer im Quartier gut vernetzten Beraterin. Auch wenn man zu Beginn einer Debatte häufig nicht einer Meinung ist, erzielt man aber durch den Austausch gute Ergebnisse.

Unverzichtbar ist auch die Fortbildung der Mitarbeiter. Der Umgang mit Mitgliedern und entstehenden Konflikten gehört zum Tagesgeschäft und kann durchaus „gelernt" werden. Den Mitarbeitern geben diese Fortbildungen Sicherheit, gleichzeitig wird die im Hause entwickelte Haltung gestärkt.

Immer wieder bringt man die Mitarbeiter in Workshops zusammen. Im August 2007 beispielsweise ging es um den Umgang „mit durchsetzungsstarken Einzelinteressen / Lobbygruppen unter den Mitgliedern der altoba". Die Bezeichnung „Lobbygruppen" zeigt, wie skeptisch und vorsichtig man Gruppenproteste einordnete. Eingeladen wurden Mitarbeiter aus verschiedenen Abteilungen, die Leitung hatte ein erfahrener Trainer.

Zehn Mitarbeiter aus dem Mietercentrum, der Technik, der Projektentwicklung und dem Sozialmanagement plus Vorstand befassten sich im Workshop mit vier aktuellen Themen: energische Nachfragen zur Berechnung von Betriebs- und Heizkosten, Reklamationen zum Zustand eines Treppenhauses, Auseinandersetzungen beim Einbau von neuen Fenstern und Diskussionen um die Mietenstrategie der altoba.

Die Mitglieder, die sich zu diesen Themen an die Genossenschaft wandten, zeigten sich hartnäckig und gut informiert – und sie waren solidarisch miteinander. In der Regel lag solcher Korrespondenz eine Unterschriftenliste bei. Die Beispiele wurden im Laufe des Seminartages in Arbeitsgruppen diskutiert und zu idealtypischen Ergebnissen gebracht. Es ging hier zwar auch um Schreibstil und schriftliche Kommunikation, vor allem aber um Regeln für den Umgang miteinander. Was sollte man mit Briefen anfangen, in denen sich Formulierungen und Forderungen wie folgt fanden?

In einem von fünf Familien unterzeichneten Brief war davon die Rede, dass „eine Zustimmung zur Mieterhöhung nicht Tatbestandsvoraussetzung für die Durchführung von Modernisierungsmaßnahmen“ sei. Man erwartete den alsbaldigen und zeitnahen Einbau neuer Fenster und Türen. Das Verhalten der altoba ließe sich nicht „mit dem gern zitierten ‚genossenschaftlichen Gedanken‘ vereinbaren“.

In einem anderen Schreiben, unterzeichnet von sieben Mietern eines Hauses, wurden detaillierte Vorschläge zur Änderung der Nebenkosten und des Heizenergieverbrauchs gemacht. So sollte das Licht im Hausflur maximal zwei bis drei Minuten brennen. Die Hausgemeinschaft war bei der Heizkostenabrechnung mit dem Verhältnis von Grundkosten und Heizkosten nicht einverstanden: „Um im Zuge der aktuellen Klimadiskussion den Anreiz zum Heizenergie-Sparen jedes Einzelnen zu erhöhen", möge das Verhältnis doch bitte geändert werden.

In einem anderen Schreiben schrieben neun Mieter direkt an den Vorstand. „Sehr geehrter Herr Kowalski, leider sehen wir uns gezwungen, uns in der oben genannten Angelegenheit an Sie zu wenden ..." Es ging um die Renovierung eines Treppenhauses in einem fünf Jahre alten Neubau. Die Mieter beschwerten sich über das „inakzeptable Antwortschreiben" einer Mitarbeiterin. Der Altonaer Spar- und Bauverein wolle die Kosten für die „notwendigen Instandhaltungs- und Renovierungsarbeiten" teilweise auf seine Mitglieder „abwälzen". Das sei „nicht nur unzulässig, sondern schon unverschämt", weil alle Mieter im Haus Zugang zu diesem Treppenhaus hätten. Das erkläre seine unnötige vorzeitige Verschmutzung. Gedroht wurde mit einer Mietminderung.

„In Ihrer Antwort auf mein Schreiben sind Sie bedauerlicherweise nicht auf mein Hauptanliegen eingegangen, mir die Notwendigkeit der Nutzungsgebührenerhöhung plausibel darzulegen", hieß es in einem anderen Schreiben. „Wieder werden, wie im Nutzungsgebührenverlangen, nur allgemeine Floskeln als Grund angeführt." Die Behauptung der Genossenschaft, eine regelmäßige Erhöhung der Nutzungsgebühren werde nicht zur „Anheizung der Mietpreisspirale" beitragen, könne man doch nicht ernst nehmen.

Man schnappt unwillkürlich nach Luft. Wie soll man mit solchen Anliegen umgehen, in dieser Art und Weise vorgebracht? Der Workshop setzte genau hier an: Der Kommunikationstrainer versachlichte den jeweiligen Vorgang und frischte die Kenntnisse der Workshop-Teilnehmer zu den Grundregeln der Kommunikation auf. Schnell kristallisierten sich Grundlagen für eine ausgewogene Haltung heraus. Ausgewogen bedeutet, dass auch die Emotionen der Mitarbeiter berücksichtigt werden.

Doch man kommt nicht darum herum: Widerspruch, Kritik und damit auch Unterschriftenlisten gehören heute zu normalen Ausdrucksformen, zumal bei einem genossenschaftlichen Unternehmen.

Doch die Erkenntnis, dass kritische Mieter keine Störfaktoren des Unternehmensablaufs sind, ist auch Bestandteil guter Kundenorientierung. Also ist es eine Selbstverständlichkeit, jeglichen Beschwerden erst einmal mit Offenheit zu begegnen, auch die genannten Schreiben erst einmal zu akzeptieren.

Das bedeutet aber keineswegs, mit allem einverstanden zu sein. Der Versuch, Mitgliedern bei aller Wertschätzung auch Grenzen aufzuzeigen, durchzieht wie ein roter Faden sämtliche Prozesse. Es sind zwei Seiten einer Medaille: Kritik zulassen und annehmen steht auf der einen, Kritik auch mal stehenzulassen oder zurückzuweisen auf der anderen.

Vorstand und Mitarbeiter stehen trotz des Trainingsbedarfes nicht unvorbereitet und mit leeren Händen da. Es gibt verbindliche Grundlagen, die die Mitarbeiter in Auseinandersetzungen nutzen können und sollen. Sei es, um sich inhaltlich zu vergewissern, was richtig ist, sei es, um die richtigen Formulierungen zu finden.

Wiederum sind es drei „Schlüssel" – in Form von Texten: Die wichtigste Grundlage ist das für alle genossenschaftlichen Unternehmen geltende Genossenschaftsgesetz und darauf basierend die für die altoba ausformulierte Satzung. Der dritte Grundlagentext ist das Unternehmensleitbild.

Ein Grundsatz, das kristallisiert sich heraus, wird zunehmend wichtiger, wenn Mitglieder Partikularinteressen vertreten oder für eine „Lobby" Argumente ins Feld führen – die Gleichbehandlung aller Mitglieder. Diese besagt ja nicht, für alle das Gleiche zu tun. Aber sie verwehrt Bevorzugung Einzelner. Ist demnach korrekt, wenn einer Hausgemeinschaft nach wenigen Jahren Nutzung die Renovierung des Treppenhauses bewilligt wird, anderen nicht? Wenn ein Hof auf Nachfrage einen neu gestalteten Garten bekommt? Wenn über viele Jahre in einem Quartier die Mieten niedrig bleiben, in einem anderen erhöht werden? Es tut gut, sich hier auszutauschen, diese Themen in einem Workshop zu diskutieren. Der Alltag lässt wenig Raum für grundsätzliche Diskussionen.

Die Arbeit im Workshop ist keine vergeudete Zeit. Jede Minute zahlt sich aus. Um Konflikte bewältigen zu können und zu einem positiven Ausgang zu finden, benötigen die Akteure mehr Wissen. Mehr Wissen zum Thema Genossenschaft und konkretes Handwerkszeug für den Umgang miteinander. Dazu zählen moderne Techniken der Kommunikation. Gilt das nicht für beide, Mitarbeiter und Mitglieder, wenn man von gleichberechtigten Interessen ausgeht?

2014 wird die Genossenschaft hier neue Wege gehen. Sie bietet den Mitgliedern Seminare zum Thema Kommunikation – Seminare wie „Gewaltfreie Kommunikation“, „Mediation“ und „Konfliktmoderation“. Die Mitglieder nehmen das Angebot an, die ersten Seminare sind gut besucht. Ob damit langfristig das Ende der Unterschriftenlisten eingeläutet wird? Das bleibt erst einmal offen.

10 Regeln für eine gute Konflikt- und Kommunikationsstrategie

01 Menschen und Probleme getrennt behandeln

02 Auf Interessen konzentrieren, nicht auf Positionen

03 Schaffen Sie Optionen

04 Bestehen Sie auf objektiven Kriterien

05 Bilden Sie ein Limit

06 Treffen Sie Win-win-Vereinbarungen

07 Stellen Sie nichts zur Disposition, was nicht disponibel ist

08 Betroffene zu Beteiligten machen – aber auch: divide et impera (teile und herrsche)

09 Die eigene Botschaft immer wieder erklären und begründen

10 Emotionen aufnehmen und versachlichen. Gut zuhören, zusammenfassen und reflektieren, einen gemeinsamen Nenner suchen/finden

Verhandlungssechseck

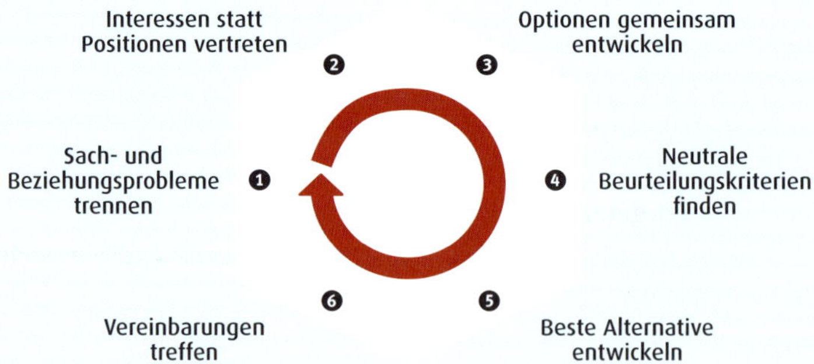

(Abdruck mit frdl. Genehmigung „die Trainer, Hildesheim“)

„Keine Entlastung für den ASBV!"

15

Mitglieder rufen zur Demonstration auf

Der Tipp kam vom Bürgernahen Beamten der Polizei. Ob man wisse, dass am heutigen Tage, dem 2. Juni 2010, eine Demonstration gegen den Spar- und Bauverein angemeldet sei? Nein, das wusste man nicht, und dass diese Demonstration direkt vor dem Ort und zur Zeit der jährlichen Vertreterversammlung stattfinden sollte, schon gar nicht. Was für ein drohendes Desaster. Die Streitfreudigkeit mancher Mitgliedergruppen kannte man, aber diesmal musste man zusätzlich damit rechnen, mit negativen Schlagzeilen in die Presse zu kommen.

Als man dann aber die Fakten recherchierte, beruhigten sich die Gemüter. Es stellte sich heraus, dass einige Bewohner aus dem Quartier Luthergrund für eine baldige Modernisierung ihrer in den 1960er-Jahren gebauten Häuser demonstrieren wollten. Dieser Wunsch war bekannt, und der Vorstand bestritt auch nicht, dass eine Modernisierung der über 160 Wohnungen vonnöten war. Dennoch musste sie mehrmals verschoben werden, weil andere Modernisierungsmaßnahmen vordringlicher waren. Vorstand und Aufsichtsrat hatten den Fall nach den letzten Eingaben der Bewohner erneut beraten, wollten sich aber auf keinen Termin festlegen. Klar war, dass man sich zunächst auf die Modernisierung der Bestände Goosacker, Schäperstück und Hatjeweg konzentrieren würde. Das hatte man den Bewohnern des Luthergrunds auf deren Nachfrage hin auch in einem Schreiben mitgeteilt und begründet.

Doch die Mitglieder aus dem Luthergrund wollten sich damit nicht abfinden und warfen der altoba Ungleichbehandlung vor. Im „bevorzugten" Quartier – von den Protestierenden „Bonzenquartier" genannt – wohnten auch ein Mitglied

„Doch die Mitglieder aus dem Luthergrund wollten sich damit nicht abfinden und warfen der altoba Ungleichbehandlung vor. Im ‚bevorzugten' Quartier – von den Protestierenden ‚Bonzenquartier' genannt – wohnten auch ein Mitglied des Aufsichtsrats und einige Mitarbeiter. ‚Und ewig grüßt das Murmeltier!' Mit einem Aushang in den Treppenhäusern riefen die Wortführer im Luthergrund zum besagten Protest auf, den sie dann ordnungsgemäß bei der Polizei anmeldeten.

des Aufsichtsrats und einige Mitarbeiter. „Und ewig grüßt das Murmeltier!“ Mit einem Aushang in den Treppenhäusern riefen die Wortführer im Luthergrund zum besagten Protest auf, den sie dann ordnungsgemäß bei der Polizei anmeldeten.

Man kannte also die Akteure und deren Argumente. Eine angemeldete Demonstration, das war neu, und man hütete sich, das Ganze auf die leichte Schulter zu nehmen. Also wurde eine Krisenberatung einberufen, an der der Vorstand, einige Mitarbeiter und die externe Beraterin teilnahmen. Da man damit rechnen musste, dass die Demonstranten auch die Presse informiert hatten, wurde eine Pressemitteilung vorbereitet, die man nicht vorab verschickte, sondern zur Information bereithielt.

Einer der Gründe, weshalb man die Modernisierung des Luthergrunds zurückgestellt hatte, war eine laufende Verdichtungsprüfung im Quartier, die klären sollte, ob es hier möglicherweise Potenzial für eine Nachverdichtung, also für einen oder mehrere Neubauten gab. Auch für die vorzeitige Modernisierung der Gebäude im Goosacker, Schäperstück und Hatjeweg gab es gute Argumente. Hier wies das Jahresergebnis durchschnittlich zehn Prozent mehr Heizkosten als im Durchschnitt für die Mitglieder aus. Das wollte man den Bewohnern dort nicht länger zumuten.

Und dann kam der 2. Juni. Als der Vorstand und der Aufsichtsrat nach gemeinsamer Sitzung am Kommunikationscentrum eintrafen, hatten sich etwa zehn Demonstranten vor dem Eingang versammelt. Sie hielten Transparente hoch, auf denen zu lesen war „Keine Entlastung für den ASBV“ und „Das Maß ist voll“. Dass Holger Kowalski auf sie zuging und sie einzeln mit Handschlag begrüßte, hatten sie nicht erwartet. Entsprechend verdutzt erwiderten sie den Gruß. Nur eine Demonstrantin blieb in ihrer Rolle, verweigerte den Handschlag. Dann ging es zur Vertreterversammlung in das Kommunikationscentrum. Die Demonstranten waren zum Teil Vertreter. Sie erhielten kurz das Wort zu ihrem Protest, der Vorstand legte seine

Mitgliederdemonstration vor der Vertreterversammlung, 2010

Sicht der Dinge dar. Die Versammlung verlief dann wie vorgesehen weiter. Das war noch einmal gut gegangen. Und im „Elbe Wochenblatt", das als einzige Zeitung über die Demonstration berichtete, erschien ein ausgewogener und fairer Artikel.

Die Demonstration gab dennoch Anlass zum Nachdenken. Denn im Grunde ging es nicht nur um den Luthergrund, es ging um eine grundsätzliche Frage, die bei Diskussionen mit Mitgliedergruppen häufiger auftauchte. Wie kann man Mitglieder respektive deren Wohnhäuser und Quartiere gleich behandeln, auch wenn dieses aus wirtschaftlichen, technischen und zeitlichen Gründen eigentlich nicht möglich ist? Das gleicht der Quadratur des Kreises, so dass der Genossenschaft letztlich nur bleibt, sich um Fairness und Offenheit in der Kommunikation zu bemühen. So, wie sie auch schon in der Pressemitteilung anklang: „Wir, Vorstand und Aufsichtsrat, müssen sorgsam abwägen, wie wir mit den uns anvertrauten Wohnungen, aber auch mit dem uns anvertrauten Geld unserer Mitglieder umgehen." Der Vorstand ist allen Mitgliedern verpflichtet und darf das Große und Ganze nicht aus den Augen verlieren.

„Du musst nicht viel mitnehmen – nur das Richtige!"

16

Ein Vortrag in Berlin

„Du musst nicht viel mitnehmen – nur das Richtige." Dieser Schlusssatz eines Vortrags von Holger Kowalski auf dem GdW-Kongress „Wohnungsgenossenschaften zeigen Zukunft" im Jahre 2007 gefiel dem Publikum. Der Wahrheit ins Auge sehen und sich bei der Bewältigung der Probleme nicht durch unnötiges „Marschgepäck" behindern – das war die Quintessenz des Vortrags, in dem Holger Kowalski seinen Kollegen ins Gewissen geredet hatte, dass das verständliche Selbstbewusstsein der Genossenschaften nicht zum selbstgefälligen, sich auf die Schulter klopfenden Stillstand führen dürfe. Es gehe darum, das Feuer weiterzutragen, anstatt die Asche anzubeten.

Zu den unangenehmen Wahrheiten gehöre, dass die Genossenschaften den Wandel in der Kommunikation auf die leichte Schulter nähmen, unterstrich er die Aussage. „Vielleicht sind wir Unternehmer längst selbst eine Senioren-WG geworden, unbeweglich und über die Zeit hinweg. Stimmt der Satz, dass immer nur die anderen alt sind?" Eine für das Publikum provokante Aussage, die zu denken gab. Mit seinen „Provokationen", die die Reden Holger Kowalskis auf vielen Branchentreffen kennzeichneten, wollte er eine produktive Unruhe in die Branche bringen, die – so seine Einschätzung – Gefahr lief, sich auf ihren Lorbeeren auszuruhen.

Das kam nicht immer gut an. Dabei wollte Holger Kowalski den Genossenschaften nie ihre Verdienste absprechen, sondern nur verhindern, dass sie in „permanenter Selbstbestätigung" erstarrten. Für ihn waren Branchentreffen eine Chance, miteinander in einen konstruktiven Dialog zu treten. Ellenlange Unternehmensdarstellungen, mit denen viele Vorträge eingeleitet

„Vielleicht sind wir Unternehmer längst selbst eine Senioren-WG geworden, unbeweglich und über die Zeit hinweg. Stimmt der Satz, dass immer nur die anderen alt sind?

Holger Kowalski

wurden, langweilten. Verlorene Zeit – die Daten waren den Kollegen doch bekannt.

Als viel produktiver empfand er es dagegen, sich mit den neuen innovativen Baugemeinschaften und kleinen Genossenschaften zu befassen. Vielleicht konnte man von denen noch etwas lernen. Und dann gab es ja auch noch brisante Gesprächsthemen mit den Kollegen in Hülle und Fülle. Wie gehen diese mit schwierigen Mieterhöhungen um? Wo ist es zu Mieterprotesten aufgrund mangelnder Informationen gekommen? Wie kommunizieren andere mit ihren Mitgliedern? Der Altonaer Spar- und Bauverein hatte in seinen dynamischen Quartieren mehr Lehrgeld zahlen müssen als Genossenschaften in vergleichbar ruhigen Städten. Doch auch sie würde die gesellschaftliche Entwicklung früher oder später erreichen.

Das Thema Kommunikation, so Holger Kowalskis Anspruch, müsse auch die Verbandstreffen erreichen. Die Ansicht so manches Kollegen, dass man die Probleme der eigenen Genossenschaft nicht in die Öffentlichkeit tragen sollte, teilte er nicht. „Wir lernen im Austausch voneinander. Konflikte bringen neue Formen hervor." Seine These vom „Zauberwort" Kommunikation, dessen Fortsetzung der Dialog sei, die er schon 2007 zur Diskussion stellte, gelte nicht nur für das Verhalten der Genossenschaften zu ihren Mitgliedern, sondern auch für die Branche.

Aus Fehlern lernt man, heißt es. Man muss diese Fehler deshalb aber nicht selbst machen und auf die harte Tour lernen. Warum nicht aus den Erfahrungen des Altonaer Spar- und Bauvereins Wissen schöpfen, das einem bei der Entwicklung einer eigener Streitkultur helfen konnte? Offenherzig ließ der konfliktgewohnte Altonaer die Kollegen an den Fehlschlägen und an der Lösungssuche des Unternehmens teilhaben.

Es gehe oftmals unfein zu in der Mitgliederkommunikation, warnte er: „Das Prinzip ‚Heiliger St. Florian', das einige vertreten, schadet dem genossenschaftlichen Gedanken." Ge-

meint war die Einstellung vieler Bürger, die heute oft mit „Not In My Backyard“ bezeichnet wird. Man begrüßt Neuerungen, blockiert sie aber, wenn sie in der eigenen Umgebung umgesetzt werden sollen.

2007 waren viele Fragen noch offen. In welche Richtung würden sich die Wohnungsmärkte in Ost und West entwickeln? Würde ein aktivierendes Sozialmanagement Erfolge zeigen? Und der Stadtumbau Ost greifen? Wirken die Bestrebungen des Programms Soziale Stadt? Oder brauchten sich die Genossenschaften um all diese Fragen nicht zu kümmern, weil ihr Ruf in ihren Städten gut war? Reichte es nicht aus, einfach so weiterzuwirtschaften, wie man es immer gemacht hatte?

Weiter so wie bisher? Nicht mit Holger Kowalski. „Sicherlich, Tradition stärkt und sie ist in der Kommunikation einer Marke unverzichtbar.“ Aber allzu schnell werde sie zur angebeteten Asche, wenn man es versäume, das Feuer rechtzeitig weiterzutragen. Ein Appell, der den Teilnehmern der Tagung im Gedächtnis blieb.

„Altonaer Spar- und Bauverein verlangt 40 Prozent mehr Miete!"

Vom Umgang mit Gerüchten und Unterschriftenlisten

„Immer locker in den Knien bleiben", lautet eine Empfehlung, wenn man viel reagieren muss, häufig angegriffen wird. Locker bleiben mussten auch Mitarbeiter und Vorstand, denn in der Mitte des ersten Jahrzehnts des neuen Jahrhunderts schienen die Mitglieder mit ihren Aktionen an Fahrt aufzunehmen. Es war an der Tagesordnung, das Vorgehen der Genossenschaft zu hinterfragen und zu kritisieren.

Nehmen wir das Jahr 2005, das Jahr, in dem Holger Kowalski sein 25-jähriges Vorstandsjubiläum feierte. Es war ein intensives Arbeitsjahr. Das unter Beteiligung von Mitarbeitern und Mitgliedern erarbeitete Leitbild erschien Ende des Jahres und die gut besuchte Zukunftswerkstatt der Mitarbeiter ging in Phase zwei. Ein Großteil der Korrespondenz war überarbeitet und die große Modernisierung im Barnerblock, die viel Einsatz gefordert hatte, stand vor ihrem Abschluss.

Da meldeten sich Mitglieder einer Nachbarschaft, die bislang nicht allzu kritisch in Erscheinung getreten waren, gleich gruppenweise zu Wort. Aus dem Gerichtsviertel, dort, wo die Genossenschaft 1892 ihre ersten Häuser gebaut hatte, wurde mehr Transparenz beim Thema Mieterhöhung verlangt.

In diesem Quartier war die durchschnittliche Quadratmetermiete im Vergleich mit der gesamten Genossenschaft deutlich geringer. Weil die letzte Modernisierung günstig mit öffentlicher Förderung finanziert werden konnte, wurden die Mieten, die Nutzungsgebühren, im Anschluss auch nur geringfügig erhöht. Zum besagten Zeitpunkt fand eine schrittweise

» Von ‚massiven Mieterhöhungen‘ war bis dato nicht die Rede gewesen – und auf einmal kursierte das Gerücht, eine Mieterhöhung um 40 Prozent stehe ins Haus. Jemand hatte mit Filzschrift die Frage ‚40 Prozent mehr Miete?‘ auf das Einladungsplakat gekritzelt.

Anpassung an den Mittelwert des Mietenspiegels statt, wie es die Mietenpolitik der Genossenschaft vorsah.

Und nun die Kritik an dieser Anpassung. Wieder mussten Vorstand und Mitarbeiter reagieren. Das taten sie nicht unvorbereitet. Visualisierte Präsentationen, Dialogbereitschaft, sei es im Einzelgespräch oder auch in der Mitgliederzeitschrift, eine transparente Informationspolitik – all das gehörte inzwischen zum selbstverständlichen Handwerkszeug der Mitarbeiter.

Dennoch gab es im Fall „Erklären der Mietenstrategie" für die Mitarbeiter einige Überraschungen. So verlangten die Mitglieder aus dem Gerichtsblock eine außerplanmäßige Informationsveranstaltung für alle Mitglieder, auf der die Genossenschaft ihre Mietenstrategie erläutern und begründen sollte. Zwei Mitglieder organisierten Unterschriftenlisten, die in den Hausfluren aushingen. Gleichzeitig konfrontierte man die Genossenschaft im August mit grundsätzlichen Fragen.

„Sie haben im laufenden Jahr in unseren Wohnanlagen die Mieten deutlich erhöht. Begründet wurde diese Maßnahme Ihrerseits mit einer so genannten Mietenstrategie und der Ertragslage des Altonaer Spar- und Bauvereins. Viele Mitglieder sorgen sich nun um die Stabilität und die Zukunft ihrer Mieten. Wird es in den nächsten Jahren zu weiteren erheblichen Mieterhöhungen kommen? Wie schlecht ist es wirklich um die Ertragslage des ASBV bestellt? – Wir möchten Sie bitten, die Betroffenen in einer öffentlichen Veranstaltung entsprechend zu informieren."

Im Oktober antwortete die Genossenschaft an alle Mitglieder: „Vor kurzem erreichte uns die Bitte einiger Bewohner, in einer Informationsveranstaltung über die Mietenpolitik der Genossenschaft zu informieren. Diesem Wunsch kommen wir gerne nach (...) und werden zu einer Mitgliederzusammenkunft einladen." Ende November sollte diese Veranstaltung stattfinden.

Vorstand, Mitarbeiter und externe Beratung setzten sich zusammen, um zu beratschlagen, wie sich die Genossenschaft auf dieser Veranstaltung präsentieren und verhalten sollte. Man arbeitete an Details, versuchte, mögliche Fragen vorwegzunehmen, durchlief eine Art Planspiel. Eines war klar: Es ging um Transparenz und eine bessere Kommunikation. In der Sache brauchte man sich nichts vorwerfen, man fühlte sich im Recht. Doch jetzt musste man eine umfangreiche Präsentation erarbeiten, anhand der die wirtschaftlichen Rahmenbedingungen und die daraus resultierenden Entscheidungen erläutert werden sollten. Es begann eine intensive Diskussion, wie das zu bewerkstelligen sei. Begriffe wie Modernisierungs- und Instandhaltungsbedarf, Ertragslage, Eigenkapitalquote und andere mehr wurden erklärt und auch die negativen Folgen beschrieben, die eine Mietensenkung nach sich ziehen würden.

Jetzt schalteten sich auch die gewählten Vertreter ein und die Einladung der altoba wurde um den Passus „Auch wir laden Sie und alle anderen Betroffenen herzlich ein, sich über die von ASBV geplanten und teilweise bereits begonnenen, massiven Mieterhöhungen zu informieren" ergänzt. Von „massiven Mieterhöhungen" war bis dato nicht die Rede gewesen – und auf einmal kursierte das Gerücht, eine Mieterhöhung um 40 Prozent stehe ins Haus. Jemand hatte mit Filzschrift die Frage „40 Prozent mehr Miete?" auf das Einladungsplakat gekritzelt.

Mehr als 70 Teilnehmer kamen zur Informationsveranstaltung. Die Stimmung war latent angespannt, aber es überwog neugieriges Interesse. Der Vorstandsvorsitzende Holger Kowalski machte gleich zu Beginn deutlich, dass er auf eine „freundliche, respektvolle Kommunikation" Wert lege. Und dann wurden die Anwesenden mit den Fakten konfrontiert: Eigenkapital und Ertragslage, Rücklagen, Gewinn und Verlust – die Veranstaltung glich phasenweise einer betriebswirtschaftlichen Schulung. Aber es wurde schnell deutlich, dass die Genossenschaft nicht um den heißen Brei herumredete. Sie präsentierte nachvollziehbare Fakten. Entsprechend sachlich war die anschließende Diskussion zwischen Mitgliedern und Mitarbeitern

– auch wenn einige Bewohner des Gerichtsviertels nach wie vor aufgebracht waren. Doch es ging nicht nur um Detailfragen, es wurden auch grundsätzliche Themen angeschnitten: Warum benötigt die Genossenschaft eine rentable Mietenpolitik? Welche Folgen hat es, wenn ein Bestand umfassend modernisiert wird und die Mieten dennoch gering bleiben? Und warum wird überhaupt Neubau betrieben?

Kontrovers wurden die sozialen Probleme im Quartier und die Ertragslage der Genossenschaft diskutiert – damit hatte der Vorstand gerechnet und war vorbereitet. Er nahm zur Kenntnis, dass einige Genossenschaftsmitglieder mit einem sehr knappen Budget auskommen mussten und sich Sorgen um ihre wirtschaftliche Existenz machten. Ihnen ging es um günstigen Wohnraum, nicht um einen höheren Wohnstandard. In Erinnerung blieben Äußerungen wie die einer jungen Frau, die anmerkte, sie sei eine alleinerziehende Mutter und könne sich 50 Euro mehr Miete nicht leisten. Der Vorstand stellte für solche Fälle Unterstützung durch die Genossenschaft in Aussicht.

Der Vorstand und die Mitarbeiter waren zufrieden mit dem Verlauf der Veranstaltung. Die intensive Vorarbeit hatte sich ausgezahlt. Das Ziel, Informationen zu vermitteln und Missverständnisse auszuräumen, war erreicht worden. Außerdem hatte man zur Kenntnis nehmen können, dass die Ansichten und Wortbeiträge der Mitglieder – selbst in einer solch kleinen monothematischen Gruppe – auseinandergingen. Sie sprachen nicht mit einer Stimme. Die einen argumentierten sachlich, sahen auch die Interessen des gesamten Unternehmens, andere polemisierten, waren aufgebracht und sehr emotional.

Zufrieden waren auch die Mitglieder. Die Genossenschaft war auf ihr Anliegen eingegangen, sie fühlten sich ernst genommen. Und sie konnten einen handfesten Erfolg verbuchen. Die umstrittene Mietenpolitik wurde bearbeitet, allerdings nicht mit Beteiligung der Mitglieder, sondern in gemeinsamer Sitzung von Vorstand und Aufsichtsrat. Es wurde beschlossen, die Intervalle zwischen möglichen Mieterhöhungen zu verlängern. Die Idee eines genossenschaftlichen Wohngeldes, das wenig später eingeführt wurde, war geboren. Wiederum einige Jahre später, 2012, wurde die Mietenstrategie, ohne Druck seitens der Mitglieder, erneut bearbeitet. Den Mitgliedern wurden angesichts des stark steigenden Mietenspiegels in Altona Sicherheiten eingeräumt. Die Mieten der Altbauten wurden „gedeckelt".

Zu den Ergebnissen dieser Veranstaltung zählt auch die Erkenntnis, dass es sinnvoll ist, bei solchen Veranstaltungen ein genaues Protokoll zu erstellen. Das hatte man erstmals bei Konflikten im Barnerblock praktiziert und es sollte sich auch künftig bewähren. Das Protokoll wurde allen betroffenen Mitgliedern im Quartier, nicht nur den „Wortführern" oder Teilnehmern der Veranstaltung, zugeschickt. Dazu wurde in der Mitgliederzeitschrift berichtet. Hier wurden auch zum ersten Mal die Pro- und Kontra-Argumente der Debatte abgedruckt – verfasst von einem Mitgliedervertreter und vom Vorstand. Im Nachhinein konnte festgestellt werden, dass sich der große organisatorische Aufwand gelohnt hatte. Diese Veranstaltung stellte einen weiteren Baustein der neuen Kommunikation dar.

18

„Sehr geehrte Frau Bundeskanzlerin"

Ein offener Brief an Angela Merkel

Im April 2011 lud der Altonaer Spar- und Bauverein seine Mitglieder zu einer Informationsveranstaltung ein. Thema war die Reaktorkatastrophe in Japan, ein Ereignis, das weltweit Erschrecken und Anteilnahme ausgelöst hatte. „Was hat Fukushima mit uns zu tun?" lautete die Leitfrage für den Abend. Informationen zum Thema gaben Fachleute für Strahlenschutz, die Katastrophenhilfe des Diakonischen Werkes und Vertreter von Greenpeace Energy. Die Versammlung im Kommunikationscentrum war gut besucht und es wurde intensiv diskutiert.

So stand es im Hamburger Abendblatt: „Zu dem Thema ‚Reaktorkatastrophe in Japan – Was hat Fukushima mit uns zu tun?' lädt der Altonaer Spar- und Bauverein (altoba) am Dienstag (19. April) zu einer Gesprächsrunde ein."

”Hamburg, den 25.05.2011

Sehr geehrte Frau Bundeskanzlerin Dr. Angela Merkel, mit diesem offenen Brief begrüßen wir den derzeitigen Weg der Bundesregierung in den Atomausstieg. Mehr noch: Wir fordern Sie auf, alle am Netz befindlichen Atomkraftwerke endgültig abzuschalten und den Ausbau von erneuerbaren Energien zu fördern. Die Aufforderung, diesen offenen Brief zu schreiben, kam aus den Reihen unserer Mitglieder bei einer Informationsveranstaltung zum Thema Fukushima. – Wir kommen diesem Anliegen gerne nach.

Viele Mitglieder hatten in den Wochen zuvor ihre Angst vor Atomkraft und Sorgen um die eigene Gesundheit mitgeteilt. Einige Stimmen forderten auch eine Energiewende des Unternehmens. Der Vorstand erläuterte an diesem Abend, dass die Genossenschaft für ihre Mitglieder günstige Strompreise über die wohnungswirtschaftlichen Verbände aushandele, sich aber nach dem Willen der Mitglieder für andere Anbieter richten würde. Dies setze aber voraus, dass sich die Mehrheit der Mitglieder einverstanden erkläre, auch einen höheren Strompreis zu akzeptieren.

Dazu gab es kein Ergebnis. Aus den Reihen der Genossenschaftsmitglieder kam zum Abschluss der Veranstaltung der Vorschlag, einen offenen Brief an die Bundesregierung zu schreiben und sich für den Atomausstieg einzusetzen. Dem stimmte der Vorstand zu. Der Brief wurde anschließend erstellt, mit einigen Mitgliedern abgestimmt und von beiden Vorstandsmitgliedern unterzeichnet. Auf der 81. ordentlichen Vertreterversammlung im Mai 2011 wurde der Brief auch an alle Vertreter verteilt. Er ist auf den folgenden Seiten zu lesen.

Was macht diese Veranstaltung zu einem Baustein der Mitgliederkommunikation?

„Die Anregungen der Mitglieder und Kooperationen mit anderen Genossenschaften und Institutionen zeigen neue Wege auf und bringen Synergien.“ So steht es im Leitbild der Genossenschaft. Die hier beschriebene Informationsveranstaltung zur Reaktorkatastrophe in Japan war, bei aller Betroffenheit zum Thema, auch ein „Pilot“ und brachte neue Erfahrungen für die Kommunikation. Neu insofern, weil die Genossenschaft in diesem Diskurs eine andere Rolle einnahm und diese von den Teilnehmern positiv bewertet wurde. Die Veranstaltung bezog sich zwar ausdrücklich auf die Bedürfnisse der Mitglieder, aber nicht wie gewohnt auf ein Projekt der Genossenschaft oder auf Ereignisse im Stadtteil. Die Genossenschaft trat als Veranstalter auf, der Vorstand moderierte und vertrat weitgehend die Interessen der Mitglieder. Eine befriedigende Rolle, so sein Fazit, die er in Zukunft noch öfter ausüben wolle.

Vorstand und Mitarbeiter verbinden Informationsveranstaltungen im genossenschaftlichen Alltag häufig mit anstrengenden Diskussionen oder Konflikten. Nicht so an diesem Abend. Die Gesprächsatmosphäre dieses Abends blieb den Teilnehmern positiv in Erinnerung, das bestätigte das Feedback der folgenden Wochen.

Deshalb hatte diese Veranstaltung auch etwas Befreiendes. Es war wie ein Blick in eine mögliche Zukunft: Mitglieder, Mitarbeiter und Genossenschaft handeln gemeinsam – über die konkreten Bedürfnisse der Einzelnen hinaus.

Falls es interessiert: Die Bundeskanzlerin hat nie geantwortet. Aber die Energiewende hat sie eingeleitet.

Offener Brief der Altonaer Spar- und Bauverein eG an die Bundeskanzlerin

Hamburg, den 25.05.2011

Sehr geehrte Frau Bundeskanzlerin Dr. Angela Merkel,

mit diesem offenen Brief begrüßen wir den derzeitigen Weg der Bundesregierung in den Atomausstieg. Mehr noch: Wir fordern Sie auf, alle am Netz befindlichen Atomkraftwerke endgültig abzuschalten und den Ausbau von erneuerbaren Energien zu fördern.

Die Aufforderung, diesen offenen Brief zu schreiben, kam aus den Reihen unserer Mitglieder bei einer Informationsveranstaltung zum Thema Fukushima. – Wir kommen diesem Anliegen gerne nach.

Eine Wohnungsgenossenschaft ist demokratisch organisiert – wie unsere Gesellschaft. Die Mitglieder unserer Genossenschaft finden mit ihren Interessen Gehör und können mitgestalten – wie die Bürger dieser Gesellschaft.

Als Vorstand einer Wohnungsgenossenschaft mit über 6.500 Wohnungen und fast 14.000 Mitgliedern sind wir mit dem Thema Atomkraft in zweifacher Hinsicht konfrontiert:

1) Viele Mitglieder haben uns in den letzten Wochen ihre Angst vor Atomkraft und Sorgen um die eigene Gesundheit mitgeteilt und nachdrücklich eine Energiewende unseres Unternehmens gefordert.

2) In Verantwortung für diese fast 120 Jahre bestehende Genossenschaft fürchten wir bei einem Atomunglück in der Region um die langfristige Vermietbarkeit unserer Wohnungen und somit um die Zukunft unseres Unternehmens.

Und wie so viele Menschen in diesem Land sind wir, der Vorstand der Wohnungsbaugenossenschaft Altonaer Spar- und Bauverein und viele unserer Mitglieder, fassungslos und entsetzt über die Reaktorkatastrophe von Fukushima und die Folgen. Mit den heutigen Nachrichten bestätigen sich die schlimmsten Befürchtungen: Laut Betreiber Tepco ist nicht nur Reaktor 1 von einer Kernschmelze betroffen – auch in Reaktor 2 und 3 haben sich die Brennstäbe teilweise verflüssigt.

Spätestens mit dieser Katastrophe wird deutlich, wie groß das nukleare Risiko ist – die Natur hält sich nicht an vorherige Berechnungen. Auch in hochentwickelten Ländern können Technik oder Menschen versagen.

Das können wir uns aus humanitären und aus wirtschaftlichen Gründen nicht leisten! Eine große Stadt wie Hamburg ist ebenso wenig wie die Großstadt Tokio im Katastrophenfall evakuierbar. Und auch das Problem der Endlagerung ist noch nicht gelöst.

Unsere Genossenschaft wirtschaftet seit fast 120 Jahren nachhaltig – mit den uns anvertrauten Geldern unserer Mitglieder und den Ressourcen von Klima und Umwelt. Wo immer möglich, investieren wir in natürliche und energiesparende Bauweise und Materialien.

Unseren Mitgliedern bieten wir im Neubau bereits Wohnungen in Passivhausbauweise an und im Altbaubestand ist ein Großteil des Wohnungsbestandes energetisch modernisiert. Wir sorgen uns um das Wohl unserer Mitglieder über das Wohnen hinaus, wir unterstützen den Zusammenhalt in der Nachbarschaft und kümmern uns um einzelne Mitglieder, die in Not geraten sind.

Politisch setzen wir uns über unsere Verbände, den Verband Norddeutscher Wohnungsunternehmen (VNW) und den GdW Bundesverband deutscher Wohnungs- und Immobilienunternehmen für eine Energiewende ein.

Wir bitten Sie, ebenso zu verfahren wie unsere Genossenschaft – sorgen Sie nachhaltig und verantwortungsvoll für das Wohl der Gemeinschaft und der einzelnen Menschen, die Sie dafür gewählt haben.

Machen Sie die Laufzeitverlängerung rückgängig und schalten Sie Atomkraftwerke ab – jetzt und endgültig!

Mit freundlichen Grüßen
Holger Kowalski, Petra Böhme
Vorstand Altonaer Spar- und Bauverein eG

Wahrhaftig bleiben

oder „Ein Lob vom Pastor"

Ein Augusttag im Jahr 2005. Es regnet Bindfäden. Netterweise reicht der Hausmeister einen Schirm. Der Vorstand wischt sich trotzdem verstohlen mit dem Ärmel über die Stirn. Damit hatte er nicht gerechnet. Vor ihm steht eine Gruppe von etwa 150 Leuten, darunter viele orthodoxe Juden. Der Bezirksamtsleiter ist anwesend, ein Schauspieler wird Texte sprechen. Gewürdigt wird an diesem Tag ein wieder hergerichteter Gedenkstein in einem Hof des Altonaer Spar- und Bauvereins in der Gerichtsstraße in Altona. Er soll an vier unschuldige Justizopfer erinnern, die 1933 nach dem „Altonaer Blutsonntag", der großen Konfrontation zwischen Nazis und Kommunisten in Altona, an dieser Stelle mit dem Beil hingerichtet worden waren. Eingeladen zu der Veranstaltung hat der VVN.

Holger Kowalski wusste vor wenigen Stunden noch kaum etwas über diese Vereinigung, „Verband der Verfolgten des Naziregimes", so heißt sie mit vollem Namen. Er hatte seinerzeit zwar gern einen Zuschuss für die Einrichtung dieser Gedenkstätte gegeben, aber nicht notiert, dass der Veranstalter eine längere Begrüßung durch die Genossenschaft eingeplant hatte. Wenige Stunden vor der Veranstaltung wird er darauf aufmerksam gemacht.

Ein Redebeitrag zu solch einem sensiblen Thema hat es in sich. Was tun? Schnell werden Erkundigungen eingezogen, was es mit dem VVN auf sich hat. Der Vorstand nimmt sich vor, darüber zu sprechen, was ihm angesichts des Gedenksteins und zum Thema Nachbarn auf dem Herzen liegt.

Warum erzählen wir diese Geschichte? Weil es manchmal darum geht, vom wohnungswirtschaftlichen Vokabular und der entsprechenden „Denke" abzuweichen. Ohne sich zu verlieren, versteht sich. Jeder Vorstand ist ein Redner, könnte man mei-

„Manchmal geht es darum, vom wohnungswirtschaftlichen Vokabular und der entsprechenden ‚Denke' abzuweichen. Ohne sich zu verlieren, versteht sich. Jeder Vorstand ist ein Redner, könnte man meinen, denn jeder Vorstand muss öffentlich reden können. Doch diesmal geht es nicht um ein wohnungswirtschaftliches Thema. Diesmal geht es um eine dunkle Epoche deutscher Geschichte ...

nen, denn jeder Vorstand muss öffentlich reden können. Doch diesmal geht es nicht um ein wohnungswirtschaftliches oder genossenschaftliches Thema. Diesmal geht es um eine dunkle Epoche deutscher Geschichte.

Die Rede zur Einweihung des Gedenksteins im Wortlaut:

„Ich bin heute gern der Einladung nachgekommen, einen Gedenkstein einzuweihen, der an ein trauriges Ereignis erinnert, das nun 72 Jahre zurückliegt – in diesem heute so friedlich wirkenden Hof wurden am 1.8.1933 vier Altonaer Opfer der Nazi-Justiz.

Ich stehe hier als Vorstand einer Wohnungsgenossenschaft, der Tradition sehr viel bedeutet. 1892 wurde die Genossenschaft gegründet. Viele unserer Bauten sind in den 1920er- und 1930er-Jahren entstanden.

Es heißt häufig, man sei mit ‚Baustellen' beschäftigt und meint damit verschiedene Projekte – bei uns sind es wirkliche Baustellen. Wir modernisieren und entwickeln weiter, was unsere Vorgänger uns hinterlassen haben. Und werden immer wieder mit den Lebensbedingungen der Menschen konfrontiert, die in unseren genossenschaftlichen Wohnungen gelebt haben.

Wir staunen beispielsweise heute darüber, dass eine 50 m^2 große Wohnung um 1900 eine vierköpfige Arbeiterfamilie beherbergte und die Küche tagsüber als Arbeitsraum genutzt wurde.

Wir können uns nur mühsam vorstellen, dass zu Zeiten des Ersten Weltkrieges in unseren heute schönen fast parkähnlichen Höfen die Mitglieder der Genossenschaft Schweine und Ziegen hielten und in den Gärten lebensnotwendiges Gemüse anbauten.

Gründungsgedanke der Väter des Altonaer Spar- und Bauvereins war es, die Wohnverhältnisse der kleinen Leute zu verbessern.

Bezahlbare Mieten, ein nachbarschaftliches und demokratisches Miteinander – so könnte man vereinfacht die Ziele unserer Genossenschaft bis heute beschreiben.

Doch wenn wir uns mit der Historie, der eigenen Geschichte befassen – das tun wir wie viele andere viel zu wenig –, begegnen wir nicht nur couragierten Gründern, nicht nur Helden.

Im Mai 1933 wurde auch unsere, den Gewerkschaften und der SPD nahestehende Genossenschaft ‚gleichgeschaltet'.

Dass ab dieser Zeit Menschen nicht nur gezwungen wurden, aus den Gremien abzutreten, sondern auch viele schnell zu Mitläufern wurden, wissen wir.

Ich möchte darauf nicht im Einzelnen eingehen, sondern nur darauf hinweisen, wie verflochten die Geschichte unserer Genossenschaft mit der Politik- und Sozialgeschichte ist.

Nachbarschaft wird bei uns heute großgeschrieben, und das meint, dass wir uns als Organisation um unsere Mitglieder sorgen und den Gemeinschaftsgedanken fördern.

Mit einer Abteilung, die man modern ‚Sozialmanagement' nennt, haben wir einen Verein gegründet, der eher etwas altmodisch klingt: ‚Vertrautes Wohnen'. Da treffen sich Nachbarn in Nachbarschaftstreffs, sie unterstützen sich gegenseitig, begleiten sich bei Ausflügen und vieles mehr. Und häufig tun sie das, was viele von uns gern tun: Sie feiern. Sie zeigen auf diese Weise einen Teil dessen, was Menschen sich Positives in Nachbarschaft und Zusammenleben geben können.

Der Gedenkstein in diesem Hof unserer Genossenschaft erinnert an das andere, was Menschen sich sein können: Feinde, unversöhnliche Gegner, unerbittliche Verfolger.

Wir finden es wichtig, dass an unsere gemeinsame Geschichte erinnert wird – hier im Hof, mitten im Leben sozusagen.

Wir finden es wichtig, dass in unseren Höfen, dass auf unseren Häusern, auf deren schöne Fassaden wir oftmals stolz sind, Gedenktafeln angebracht werden, dass die Geschichtswerkstatt oder andere historisch Interessierte Ausstellungen erarbeiten, die unsere Geschichte dokumentieren.

Wir haben das Projekt des VVN gern unterstützt – wir danken Ihnen, die Sie das durchgeführt haben, für das Erinnern und Bewahren. Denn unsere Geschichte gehört ohne Zweifel zu uns.

Unseren genossenschaftlichen Alltag bestimmen häufig andere Dinge. Dazu gehören Bautätigkeiten ebenso wie anstrengende Auseinandersetzungen. Baustellen eben. Die sozialen Interessen im Fokus zu haben, ohne die wirtschaftlichen aus dem Blick zu verlieren, wird eine zunehmend schwerere Aufgabe.

Da kommt das Erinnern und Bewahren oftmals zu kurz. Ich danke den Initiatoren, dass Sie so engagiert dieses Projekt verfolgt haben. Sprechen Sie uns auch in Zukunft gerne an – wo wir können, werden wir Sie unterstützen."

Als der Vorstand seine Ansprache beendet, gibt es starken Applaus. Der Pastor der dortigen Kirchengemeinde schüttelt ihm herzlich die Hand, eine wirklich gute Rede sei das gewesen. Holger Kowalski wischt sich ein weiteres Mal den Schweiß von der Stirn, diesmal erleichtert.

Fast zehn Jahre später, im August 2014, wird er im Röhrigblock in Altona öffentlich vier Stolpersteine einweihen. Eine Veranstaltung, die die altoba angeregt hat. Stolpersteine werden jeweils auf dem Bürgersteig eingearbeitet und erinnern namentlich an Verfolgte in der NS-Zeit. Drei jüdische Familien waren 1939 aus der Genossenschaft ausgeschlossen worden. Die Familie Horwitz überlebte den Holocaust nicht. Die Veranstaltung, auf der auch eine Verwandte und ehemalige Nachbarn der Familie Horwitz sprechen, bleibt den Teilnehmern als sehr emotional in Erinnerung. Der Vorstand hatte keine Scheu mehr, seine persönliche Betroffenheit zu zeigen.

„ Ein Modell mit Vorbildcharakter

(Es) berichtet kein geringerer als der Vorstandsvorsitzende der Genossenschaft, der kurz nach Aktionsstart eintrifft und ins direkte Gespräch mit den Aktivisten geht. Es kommt nicht alle Tage vor, dass ein Eigentümer so offen über seine Belange spricht und das Gespräch mit Initiativen sucht. Ein Modell mit Vorbildcharakter?

Bericht in Altona-Info, Mai 2011

„Der Letzte macht die Tür zu!"

Ein Grundstück des Altonaer Spar- und Bauvereins wird besetzt

Das erlebt ein Vorstand auch nicht alle Tage. An einem sonnigen Nachmittag im Mai 2011 wird Holger Kowalski, der gerade zu Familienbesuchen im Stadtteil unterwegs ist, von der Polizei angerufen: „Eines Ihrer Grundstücke wurde soeben besetzt. Soll es geräumt werden?" Die Antwort erfolgt, ohne zu zögern. „Nein, keine Räumung!" Das Grundstück, um das es geht, ist eine Gewerbefläche, auf der die ehemalige Gewürzmühle, ein Gebäude aus den 1960er-Jahren, steht. Der Spar- und Bauverein will hier gemeinsam mit einem privaten Wohnungsunternehmen Wohnungen bauen. Und jetzt wurde das Gelände also besetzt. Von wem, weiß Holger Kowalski noch nicht, aber die Bandbreite der Möglichkeiten ist in Altona groß. Von linken Gruppen bis zu den Punks aus der Bauwagenszene ist alles möglich. Räumen kommt auf keinen Fall in Frage, das entspricht nicht der Haltung, und auf die Schlagzeilen am nächsten Tag kann die altoba auch verzichten. Viel sinnvoller erscheint es, sich erst einmal vor Ort zu informieren und zu versuchen, die Situation gegebenenfalls zu entschärfen.

Also schnell einige Mitarbeiter und einen im Stadtteil gut vernetzten Kooperationspartner kontaktieren, und dann auf dem schnellsten Weg zum Tatort. Als er eintrifft, sieht Holger Kowalski, wie einige Polizisten gerade ihre Helme aufsetzen und zu den Schlagstöcken greifen. Als Hausherr kann er ihren Einsatz jedoch verhindern. In der Zwischenzeit sind die von ihm informierten Mitarbeiter eingetroffen und auch die ersten Pressevertreter tauchen auf. Kurz zuvor ist die Meldung über Presseticker gelaufen: „Die Gruppe ‚Lux und Konsorten' besetzt das Grundstück der ehemaligen Gewürzmühle." Über soziale Netzwerke wurden weitere Interessierte mobilisiert. Die Gruppe wird immer größer.

Als der Vorstand auf die Aktivisten von „Lux und Konsorten“ trifft, wird schnell klar, dass es sich hier nicht um eine gewaltbereite Gruppe handelt. Sie besteht hauptsächlich aus jungen Gewerbetreibenden auf der Suche nach Arbeitsraum. Sie haben eine Musikanlage und Getränke dabei und laden, wie ein Plakat verrät, zur „Wem-gehört-das-hier-Party“ ein.

Bei Aktionen tragen die „Lux und Konsorten“-Aktivisten stets orangerote Leuchtwesten und halten Transparente mit Slogans wie „Günstiger Gewerberaum selbst gemacht“ und „Raumpatrouille“ hoch. Auch Holger Kowalski trägt an diesem Tag ein orangerotes Polohemd. Als er auf die Besetzer zutritt, um mit ihnen zu sprechen, scheint er optisch einer der ihren zu sein.

Die Emotionen gehen hoch, doch die Stimmung ist nicht aggressiv. Die Aktivisten, für die angesichts der steigenden Gewerbemieten in Ottensen jedes leerstehende Grundstück eine Chance bedeuten kann, haben den Platz besetzt, um zunächst einmal zu erfahren, wer eigentlich der Eigentümer ist. Nun wissen sie es: der Altonaer Spar- und Bauverein – und der ist auch noch in Gestalt des Vorstandes zugegen. Das nimmt den Druck aus dem Kessel: Die altoba ist bekannt und wird im Stadtteil geachtet. Niemand unterstellt ihr, auf der Seite der in Altona gefürchteten Gentrifizierer zu stehen.

Zunächst einmal tauschen beide Seiten sich aus. Holger Kowalski erfährt, dass Bezirkspolitiker Gewerbetreibenden in Aussicht gestellt hatten, hier Räume anmieten zu können. Der Vorstand erläutert ihnen, dass auf dem Gewürzmühlen-Gelände Wohnungen gebaut werden sollen – öffentlich geförderter Wohnraum durch die altoba und Eigentumswohnungen durch einen privaten Investor. Noch steht die Umwidmung von Gewerbe- zu Wohnraum aus. Deshalb ist das Grundstück noch ungenutzt.

Natürlich sieht auch Holger Kowalski, dass der Mix von Wohnen und Gewerbe zu Ottensen gehört und wesentlich zum Flair beiträgt, doch jetzt kann er nicht mehr machen, als Gesprächsbereitschaft und Entgegenkommen zu signalisieren:

Ein brachliegendes Gewerbegrundstück, das dem Altonaer Spar- und Bauverein gehört und noch nicht für den Wohnungsbau umgewidmet ist, wird besetzt. Holger Kowalski im Gespräch mit einem Vertreter der Linken und der Initiative „Lux & Konsorten"

„Bleiben wir im Gespräch, vielleicht können auf dem Gelände verschiedene Interessen verwirklicht werden." Verbindliche Versprechen erwartet auch niemand. Man kommt sich entgegen, es wird fotografiert, ein Redakteur macht Tonaufnahmen, der Mitschnitt ist später im Internet zu finden. Die Presse wird positiv berichten.

Doch damit ist die Besetzung noch nicht beendet. Schließlich hat „Lux und Konsorten" ja zu einer Party geladen. Der Vorstand vertraut der Zusage, dass die Besetzung friedlich zu Ende gehen wird, und gestattet, auf eigene Verantwortung noch auf dem Gelände zu feiern. „Genießen Sie den Nachmittag. Aber nur heute – und der Letzte macht die Tür zu." In diesem Fall ein Ausspruch mit doppelter Bedeutung: Das Grundstück ist durch ein Tor gesichert, das Schloss hatten die Besetzer zuvor geöffnet.

„Der früher häufig gehörte Satz ‚Das haben wir noch nie so gemacht' kommt bei der altoba nicht mehr vor. Eigeninitiative von Mitgliedern, einst argwöhnisch betrachtet, wird inzwischen eher als ein Beitrag im Interesse der Genossenschaft verstanden und durchaus wertgeschätzt. Warum sollte man sich auch gegen eine Gruppe zur Wehr setzen, die den Namen ‚Noch schöner wohnen' trägt?

„Feuer frei"

Dialog mit Mitgliedervertretern auf Augenhöhe

„Feuer frei!" Mit dieser Aufforderung leitete der Aufsichtsratsvorsitzende des Altonaer Spar- und Bauvereins, Hans-Peter Harloff, einige Jahre lang scherzhaft bei Vertreterzusammenkünften zum Tagesordnungspunkt „Verschiedenes". Jeweils im Frühjahr informieren der Vorstand und die Mitarbeiter die Mitgliedervertreter zusätzlich zur jährlichen Vertreterversammlung über aktuelle Vorhaben und Projekte. Und der Punkt „Verschiedenes" zählte früher für den Vorstand zum unangenehmen Teil des Abends, denn viele junge Vertreter nahmen das militärische Kommando allzu wörtlich und eröffneten das – rhetorische – Feuer auf den Vorstand. Sie scheuten die Konfrontation nicht und einige schreckten auch vor Stimmungsmache und Polemik nicht zurück. Mit massiver Kritik souverän umzugehen, will gelernt sein. Allzu oft reagierten der Vorstand und betroffene Mitarbeiter sehr dünnhäutig. „Wir fühlten uns von Kritik angegriffen und in vielen Sitzungen hat es deshalb auch gehörig geknallt", erinnert sich ein langjähriger Mitarbeiter.

Die Mitgliedervertreter der älteren Generation, denen es eher entsprach, geplante Mieterhöhungen nach kurzer Nachfrage mit einem „Wat mutt, dat mutt" verständnisvoll abzunicken, genossen diese Szenen, die mitunter auch Unterhaltungswert hatten, meist als stille Beobachter. Hin und wieder mischte sich jemand begütigend ein. Doch die, je nach Quartier, kritische Minderheit hatte häufig das Wort und setzte neue Akzente. Der Generationenwechsel war unverkennbar. Die jungen Vertreter wollten nicht zu Kaffeetafeln und Ausflügen mit der Nachbarschaft eingeladen werden, sie wollten die Interessen der Mitglieder kritisch vertreten. Die Sorgen der älteren Vertreter, die hier auch mal eine defekte Kellerbeleuchtung thematisierten, waren ihnen nicht so wichtig. Sie setzten andere Themen, wollten wissen, was die Genossenschaft im Bereich Modernisierung und Neubau plante und nach welchen Strategien sie dabei vorging.

Die Zeit der großen Konfrontationen scheint vorbei, doch in Teilen unterhaltend sind die Vertreterveranstaltungen auch heute noch. Denn an kritischen Einwürfen besteht nach wie vor kein Mangel. Aber der Umgangston ist entspannter und professioneller geworden. Es geht um die Sache, persönliche Angriffe werden vermieden. Längst reagieren der Vorstand und die Mitarbeiter souverän auf die Fragen und Einwände der Vertreter und suchen die sachorientierte Auseinandersetzung.

Mit der Einstellung wurden auch der Ablauf und die Form der Veranstaltungen geändert: Vor Kopf sitzen nicht nur die beiden Vorstandsmitglieder, Holger Kowalski und Petra Böhme, sondern auch die Prokuristen und die Versammlungsleitung. Weitere Mitarbeiter sitzen in unmittelbarer Nähe. Alle sind möglichst gut vorbereitet, um schnell Auskunft über Fragen der Technik oder aus dem Bereich des Mietercentrums zu geben. Auch der Abstand zu den Vertretern wurde auf Augenhöhe gebracht. Die Stuhlreihen sind aufgehoben, es sitzen inzwischen alle um eine große rechteckige Tischformation.

Auf Stellwänden werden im Eingangsbereich aktuelle Ereignisse für alle einsehbar gezeigt. Außerdem werden die Beiträge der Vorstandsmitglieder durch eine PowerPoint-Visualisierung verständlicher gemacht. Zur Entspannung und Versachlichung hat wesentlich beigetragen, dass der für viele Vertreter so wichtige Punkt „Verschiedenes“ nicht mehr am Ende der Tagesordnung steht, sondern die Veranstaltung eröffnet. Jetzt können

Informationsveranstaltung für Vertreter (IVV)

gleich Fragen und Argumente ausgetauscht werden und man kann sich dann konzentriert den weiteren Tagesordnungspunkten widmen. Auch wenn nach dem Punkt „Verschiedenes" noch ein umfangreiches Programm zu absolvieren ist, steht ausreichend Zeit für die Diskussion zur Verfügung.

Vorstandsmitglieder Holger Kowalski, Petra Böhme

Alle diese Veränderungen klingen, listet man sie auf, wenig spektakulär, ja eigentlich selbstverständlich. Doch tatsächlich musste man sich erst einmal neu orientieren und die Schwächen des alten Systems erkennen und reflektieren. Erst als der Leidensdruck durch die sich häufenden Konflikte stetig stieg, war klar, es musste sich auch bei den regelmäßigen Veranstaltungen etwas ändern.

Neben den „baulichen Veränderungen" im Sitzungssaal standen besonders die Form und der Ablauf im Fokus. Zunächst wurden die Sitzungen analysiert – auch mit Hilfe externer, neutraler Beobachter. Wie kamen die Vorträge an? Wann traten Spannungen auf? Was musste unbedingt sofort verbessert werden? Man bemühte sich, sich in „die andere Seite" hineinzuversetzen und das eigene Auftreten kritisch zu hinterfragen. Mit der kontinuierlichen Entwicklung zu einer anderen Haltung in der Kommunikation, mit der Vorstellung eines „Dialogs auf Augenhöhe", gab es eine Richtschnur, an der man sich orientieren konnte.

Zur veränderten Kommunikation gehörte auch ein zeitgemäßer Name: Aus der „Vertreterzusammenkunft" wurde die „Informationsveranstaltung für Vertreter" (IVV). Nach dem Tagesordnungspunkt „Verschiedenes" informiert der Vorstand, wie mit den Fragen und Kritikpunkten, die in der vorangegangenen IVV gestellt worden waren, umgegangen wurde. Themen können auch vor der Veranstaltung von den Mitgliedern eingebracht werden. Über Neuigkeiten können sich die Vertreter schon vor der Sitzung anhand von Stellwänden informieren.

Derzeit überlegt die Genossenschaft, dieses Material schon mit der Einladung zu versenden. Auch über einen Newsletter für Vertreter wird nachgedacht. Die Präsentationen der beiden Vorstandsmitglieder werden anschließend auf der Website der altoba veröffentlicht. Ein öffentliches Protokoll gibt es nicht, aber einige Diskussionspunkte werden in der Mitgliederzeitschrift in einer eigenen Rubrik wiedergegeben.

Die IVV in ihrer neuen Art haben einen großen Stellenwert für die Genossenschaft. Die Mitgliedervertreter wissen, wann sie Nachfragen und Kritik platzieren können. Gleichzeitig wird die Stimmung in den Quartieren wahrgenommen, wird registriert, was die Mieter und Mitglieder beschäftigt. Außerdem erhält die Genossenschaft auch hier ein Feedback, wie ihre Arbeit bei den Mitgliedern ankommt, wie die Anschreiben wirken, ob die Kommunikation stimmt. Und nicht zuletzt geben die Vertreter Impulse für Diskussionen, aber auch für Verbesserungen und neue Projekte.

Der früher häufig gehörte Satz „Das haben wir noch nie so gemacht" kommt bei der altoba nicht mehr vor. Eigeninitiative von Mitgliedern, einst argwöhnisch betrachtet, wird inzwischen eher als ein Beitrag im Interesse der Genossenschaft verstanden und durchaus wertgeschätzt. Warum sollte man sich auch gegen eine Gruppe zur Wehr setzen, die den Namen „Noch schöner wohnen" trägt? Immerhin erklären die Bewohner der gartenstadtähnlichen, gründerzeitlichen Wohnanlage in Bahrenfeld doch damit öffentlich, dass sie schon jetzt „schön" wohnen. Dass sie das Wohnen in Bahrenfeld durch ihre kritischen Anmerkungen und konstruktiven Vorschläge – nicht immer, aber häufig geht es beispielsweise um die Gestaltung der Grünanlagen – noch schöner machen wollen, ist auch im Sinn der altoba.

Diese Gruppe überraschte bei den Vorbereitungen zur Vertreterwahl 2009 mit einem eigenen Papier, in dem sie eine eigene Wahlveranstaltung und Vertretersprechstunden in einem der Nachbarschaftstreffs vorschlugen. Ihre Ideen wollten sie ohne Vorankündigung direkt in der Vertreterversammlung vorstellen – ein in der Satzung nicht vorgesehenes Verfahren. Nach kurzer Beratung entschied der Vorstand, die Vertreter der Mitgliederinitiative sprechen zu lassen. Sie überzeugten mit ihrem Vorschlag. Und bei der nächsten Wahl stellten sich die Kandidaten in einem Nachbarschaftstreff vor. Diese „Wahlveranstaltung" wurde vom Vorstand, vertreten durch Petra Böhme, nicht geleitet. Sie begnügte sich damit, die Anwesenden zu begrüßen und verabschiedete sich dann. Die Wahlveranstaltung war gut besucht, die Vertretersprechstunden blieben aber ein Experiment, es erscheinen kaum Mitglieder, um sich mit ihren Vertretern auszutauschen. Dennoch war es richtig, auf die Initiative einzugehen.

Das heißt aber nicht, dass man jeden Vorschlag aufnehmen kann. Der Wunsch nach einer allgemeinen und öffentlichen Diskussionsveranstaltung zur Bautätigkeit beispielsweise wurde vom Vorstand abgelehnt, da nicht auszuschließen war, dass der Wunsch nach direkter Mitbestimmung zu diesem Thema hinter diesem Vorschlag stand. In der Satzung ist geregelt, wie hier zu verfahren ist: Beschlüsse zu solchen Fragen werden ausschließlich mit dem Aufsichtsrat diskutiert. Trotzdem gilt, dass die Genossenschaft generell ein offenes Ohr hat, wenn Diskussionsveranstaltungen gewünscht sind, zumal sie ein Format sind, mit dem man mit den Mitgliedern ins Gespräch kommen kann.

Man sieht, die Ausgestaltung der innergenossenschaftlichen Demokratie kann niemals ein abgeschlossener Prozess sein. Die Genossenschaft muss bereit sein, neue Wege zu gehen, auch auf die Gefahr, sich in dem einen oder anderen Punkt zu irren. Dennoch sind der Kreativität Grenzen gesetzt. Unabdingbar sind und bleiben feste Regeln, damit die Grenzen nicht verschwimmen. Jedes Gremium hat seine Aufgaben. Änderungen und Anregungen sollten dazu dienen, es ihnen zu erleichtern, diese Aufgaben zu erfüllen. Sie dürfen aber nicht in die Kompetenzen anderer Gremien eingreifen.

„Offene Diskussionen sind ein Feld, auf dem jeder Vorstand sich bewähren muss. Schlagfertigkeit und Leidenschaft gehören zu seinem Handwerkszeug – anders kann er schnell ins Hintertreffen geraten. Versagt er, schadet er möglicherweise der Genossenschaft, überzeugt er das Publikum aber mit Eloquenz, Sachverstand und stringenter Argumentation, fördert er das Ansehen der Genossenschaft. Unternehmen, die mit Leidenschaft geleitet werden, erhalten, das zeigen Befragungen, von den Mitarbeitern bessere Noten.

„Burn, Baby, burn!"

22

Aus dem Leben eines Vorstands

Auf dem Tisch liegt ein umfangreicher Aktenordner – der Vertrag zum neuen Wohnquartier Mitte Altona. Der muss noch einmal durchgearbeitet werden. Seit vier Jahren beschäftigt dieses Bauprojekt den Vorstand schon. Hundert Wohnungen wird der Altonaer Spar- und Bauverein hier bauen, in Kooperation mit anderen Wohnungsunternehmen. Das neue Quartier auf einem ehemaligen Gleisgelände des Altonaer Bahnhofs wird in Altona heiß diskutiert. Unternehmen, die sich hier engagieren, tun das unter den wachsamen Augen der Altonaer, die sich nicht einfach ein neues Quartier nach den Vorstellungen einiger Investoren vor die Nase setzen lassen wollen.

Das Telefon klingelt. Ein Journalist sei am Apparat, ob sie durchstellen könne, fragt die Assistentin. Selbstverständlich. Inzwischen ist Holger Kowalski routiniert im Umgang mit den Medien. Routiniert und gefragt: „Der sagt wenigstens etwas", heißt es in der Medienszene, und das gilt als Kompliment. Auch das musste erlernt werden. An sein erstes Interview erinnert er sich heute mit einem Anflug von Galgenhumor. Er wurde nämlich gewissermaßen ins kalte Wasser geworfen. Anfang der 1980er-Jahre nahm er den Anruf des NDR entgegen und erfuhr zu seinem Schrecken, dass er live auf dem Sender war. Es ging um nichts weniger als um eine Mieterhöhung, die ausgesprochen ungeschickt kommuniziert worden war. Plötzlich hatte er die Chance, diesen Kommunikationsfehler auszubügeln.

Ein Vorstand muss auf verschiedenen Bühnen seinen Mann – oder seine Frau – stehen und möglichst immer „bella figura" machen. Er leitet die Genossenschaft nicht nur, er repräsentiert sie auch. Ein guter Ruf muss mühsam über Jahre erarbeitet werden und er kann mit einer unbedachten Äußerung gefährdet werden. Der Vorstand wird durch den Aufsichtsrat bestellt – laut Genossenschaftsgesetz „auf Widerruf". Ein Schleudersitz, der einen aus dem Unternehmen katapultieren kann, ehe man sich versieht. Laut Gesetz leitet der Vorstand die Genossenschaft „in eigener Verantwortung". Gebunden ist er an Genossenschaftsgesetz und Satzung, nicht aber an Beschlüsse und Weisungen der anderen Organe. Er ist den Gremien verantwortlich, muss ihnen Rede und Antwort stehen, ist aber allein für das operative Geschäft verantwortlich. Ein Spannungsfeld, das zum Job eines Vorstands einer Genossenschaft gehört. Wer diese Hitze nicht aushält, sollte nicht Vorstand werden.

Auch wenn vieles im Unternehmensalltag eingeübte Routine ist, gibt es doch immer wieder Situationen, für die es keine Vorlage gibt. Früher waren Mitgliederversammlungen mitunter solch gefürchtete Situationen. In Altona, wo viele altoba-Mitglieder der 68er-Generation angehören, flogen auf Versammlungen schon mal die Fetzen. Ein entscheidender Meilenstein, mit solchen Ausnahmesituationen angemessen umzugehen, sei die geänderte Haltung gewesen, erinnert sich ein Mitarbeiter. Offene Diskussionen sind ein Feld, auf dem jeder Vorstand sich bewähren muss. Schlagfertigkeit und Leidenschaft gehören zu seinem Handwerkszeug – anders kann er schnell ins Hintertreffen geraten. Versagt er, schadet er möglicherweise seiner Genossenschaft, überzeugt er das Publikum aber mit Eloquenz, Sachverstand und stringenter Argumentation, fördert er das Ansehen der Genossenschaft. Unternehmen, die mit Leidenschaft geleitet werden, erhalten, das zeigen Befragungen, von den Mitarbeitern bessere Noten.

Doch letzten Endes muss ein Vorstand sich für den Ausgleich von Interessen einsetzen und nicht Positionen zum Dogma erklären. Natürlich gibt es Grenzen und dann muss Klartext gesprochen werden – bestimmt, aber höflich: „Tut mir leid, aber Ihr Ansinnen widerspricht unseren Grundsätzen." Ein solcher Satz geht einem aber leichter über die Lippen, wenn man sei-

ne Grundlagen, beispielsweise Satzung und Leitbild, gut kennt. „Das haben wir noch nie so gemacht“, ist kein guter Grundsatz.

Der Kommunikationspsychologe Schulz von Thun, darauf befragt, zeigt Verständnis für die Position eines Vorstands: „Nicht jedem Anliegen kann ein Vorstand entsprechen. Aber die Ablehnung zu begründen und gleichzeitig kundzutun, dass man das Anliegen gut verstehen kann, ist eine große Kunst.“ Wer etwas ablehnen wolle oder müsse, sei oft in Versuchung, das Anliegen als minderwertig oder verstiegen zu brandmarken. Doch das ziehe unweigerlich neue Probleme nach sich.

Die Arbeit eines engagierten Genossenschaftsvorstands endet nicht mit der alltäglichen Arbeit für seine Genossenschaft. Im Altonaer Spar- und Bauverein haben die Vorstände Holger Kowalski und Petra Böhme darüber hinaus wichtige Ämter in den Verbänden der Wohnungswirtschaft inne – beispielsweise beim GdW, VNW oder dem Arbeitskreis Hamburger Wohnungsgenossenschaften. Dieses Engagement trägt mit zum Bekanntheitsgrad ihrer Genossenschaft bei. „Uns kennt man in München ebenso wie in Schleswig-Holstein“, meint eine Mitarbeiterin.

„Die sollten sich lieber ausschließlich um unsere Genossenschaft kümmern“, mag manches Mitglied denken. Doch die viele Extraarbeit – es ist Extrarbeit, denn die Arbeit für die Genossenschaft wird nicht vernachlässigt – kommt am Ende des Tages auch der altoba zugute. Durch ihre Verbandsarbeit sind beide Vorstände nicht nur in ein bundesweites kommunikatives Netzwerk eingespannt, sie leisten im besten Sinne des Wortes Lobbyarbeit für die Interessen der Wohnungswirtschaft und der Genossenschaften. Und sie geben ihre Erfahrungen weiter, referieren über die Arbeit des Spar- und Bauvereins und bieten ihren Rat an. Nicht selten ruft ein Vorstand einer anderen Genossenschaft an. „Ihr hattet doch Konflikte mit euern Mitgliedern ..." Umgekehrt profitieren sie und damit ihre Genossenschaft von den Erfahrungen anderer.

Ein Vorstand muss über den Tellerrand blicken, stets das Ganze im Blick haben. Es reicht nicht, die Gegenwart zu meistern. Eine Wohnungsbaugenossenschaft baut für die Zukunft, sollte also auch eine Vision haben, wie das Unternehmen in 50 Jahren dastehen soll. Das aber kann man nur, wenn man sich aktiv in den allgemeinen Diskurs einschaltet.

Das genossenschaftliche Prinzip schien lange Zeit ein Klassiker aus der Mottenkiste zu sein, irgendwie nett, irgendwie aber auch nicht mehr passend für die Moderne. Heute stimmt das nicht mehr. Das Prinzip Genossenschaft wird von vielen unterschiedlichen Akteuren wieder bemerkt und neu interpretiert.

Nachbarschaftshilfe und Notfallplan

Ein Brand und seine Folgen

Ein Richtfest des Altonaer Spar- und Bauvereins in Altona-Bahrenfeld im Mai 2012. Es sei immer wieder schön, das Richtfest bei einem Neubau zu begehen, sagt die ausführende Architektin Beata Huke-Schubert. Jedes Gebäude habe seine Besonderheiten. Die Planung für einen Neubau in einem unter Denkmalsschutz stehenden Ensemble sei allerdings vor allem eine Herausforderung gewesen. Denn es galt, eine Brandruine durch einen Neubau zu ersetzen.

Der Brand war im Oktober 2009 auf dem Dachboden eines Hauses in Bahrenfeld ausgebrochen. Menschen wurden glücklicherweise nicht verletzt, die Feuerwehr konnte den Brand in kurzer Zeit löschen. Aber vor allem das in die Wände einsickernde Löschwasser hatte dafür gesorgt, dass die 1910 gebauten 11 Wohnungen unbewohnbar wurden. Die Gutachten ergaben, dass die zwei Gebäude, sie standen in einer geschlossenen Randbebauung, abgerissen werden mussten. Eine Katastrophe für die Bewohner, die innerhalb von einer Stunde ihre Wohnungen zu verlassen hatten, und eine große Aufgabe für die Genossenschaft.

Denn es musste vor Ort schnell allen betroffenen Bewohnern geholfen werden, ein Praxistest für Krisenmanagement und Notfallplan. Langfristig ging es darum, an einem auch wegen günstiger Mieten sehr beliebten Standort modernen Wohnungsbau einzufügen, Wohnungsbau, der auch den Ansprüchen des Denkmalsschutzes genügte.

In der Rückschau bleiben das angewandte Krisenmanagement und besonders die große Solidarität der anderen Bewohner mit den Betroffenen in der Erinnerung. Man half einander

" ... die Feuerwehr konnte den Brand in kurzer Zeit löschen. Aber vor allem das in die Wände einsickernde Löschwasser hatte dafür gesorgt, dass die 1910 gebauten 11 Wohnungen unbewohnbar wurden. Die Gutachten ergaben, dass die zwei Gebäude, sie standen in einer geschlossenen Randbebauung, abgerissen werden mussten. Eine Katastrophe für die Bewohner, die innerhalb von einer Stunde ihre Wohnungen zu verlassen hatten, und eine große Aufgabe für die Genossenschaft.

spontan mit Kleidung und Gebrauchsgegenständen aus, stellte Nachbarn die eigene Wohnung zur Verfügung, bot weiterhin Hilfe an. Der Nachbarschaftstreff, direkt gegenüber der Brandstätte gelegen, diente nicht nur am Tag des Brandes als Anlaufstelle, war Aufenthaltsort und Organisationszentrale zugleich. Polizei und Feuerwehr gaben sich die Klinke in die Hand. Vorstand und Mitarbeiter organisierten, was nur irgend möglich war, und waren vor allem Ansprechpartner für die Bewohner. Die waren ja unvorbereitet mit der Situation konfrontiert worden, einige kamen von der Arbeit, andere vom Einkaufen. Da Einsturzgefahr bestand, durften die Brandgeschädigten nur für eine knappe halbe Stunde ihre Wohnungen betreten, um wichtige Papiere und Ähnliches zu bergen.

Für alle Bewohner mussten kurz- und mittelfristig Unterkünfte gefunden werden, vom Hotelzimmer für zwei Tage bis zur Übergangswohnung. Bis neu gebaut werden konnte, verging viel Zeit: Denn es folgten langwierige und detailreiche Verhandlungen des Vorstands mit dem Denkmalsschutz. Diese Gespräche dauerten von Herbst 2009 bis zum Ende 2011.

Der erste Entwurf der Architektin sah eine Neubebauung bis zum Ende des Blocks vor. Ein solch umfassender Neubau wurde aber vom Denkmalsschutz abgelehnt. Verlangt wurde, dass sich der neue Baukörper optimal in den vorhandenen Bestand eingliedert. Dazu wurde unter anderem vor Abbruch des Gebäudes die gesamte Fassade mit allen Details vermessen, um Fassade und Dachform originalgetreu reproduzieren zu können.

Das Denkmalschutzamt hätte es gern gesehen, wenn viele der alten Bauteile wieder eingearbeitet würden – zum Beispiel die Badezimmertüren. Doch das war nur bei wenigen Elementen möglich. Allein die alten Hamburger Fußleisten und Kassettentüren wurden als historische Elemente eingebaut. Auch die schmiedeeisernen Balkonkästen und alte Abschlussholzpfosten, sie gehörten zum Treppenhaus, wurden wieder verwendet.

Ein Brand in Bahrenfeld zerstörte 11 Wohnungen, 2009

Mit dem Neubau eröffnete sich die Möglichkeit, zeitgemäße Ansprüche an Wohnraum in einem historisierenden Neubau zu verwirklichen. Das gilt vor allem für die Haustechnik, die Energieeffizienz sowie die Grundrisse. Anstelle der beiden alten Häuser mit elf kleinen Wohnungen steht nun in Bahrenfeld im sogenannten Bahrenfelder Dreieck ein Haus mit acht Familienwohnungen, gebaut als KfW-Effizienzhaus-70-Standard nach EnEV 2009. Diese Wohnungstypen, große Zwei- und Dreizimmerwohnungen, werden stark nachgefragt und es gibt zu wenige davon im Altbestand. Für Rückkehrer, die in den Neubau einziehen wollten, bot die altoba bei der Mietpreisgestaltung eine besondere Regelung an. Doch nur ein ehemaliger Mieter zog in das neue Haus ein.

Es stellt sich die Frage, ob sich die Form des historisierenden Neubaus in einem Altbauensemble häufiger realisieren lässt. Altbauten lassen sich nur begrenzt modernisieren und ein historisches Ensemble ist vor allen möglichen Abrissplänen gefeit. Der Aufwand war hoch, doch das Ergebnis stellt mehr als zufrieden. Doch es lohnt, weitere Wege zu finden, wie man den Charme der alten Fassaden bewahrt und dennoch modernen Wohnungsbau zulässt.

„Alles in Ordnung?"

Gemeinsam eine neue Hausordnung entwickeln

Viele Mitgliederprojekte, die der Altonaer Spar- und Bauverein in den vergangenen Jahren entwickelt hat, wandten sich zwar in erster Linie an die Mitglieder, waren aber auch stets von der Öffentlichkeit registriert worden. Das Geschichtsprojekt „altoba forscht", ein Beitrag zur Erforschung der Geschichte der Genossenschaft, wäre ohne das Engagement der Mitglieder gar nicht möglich gewesen.

Diesen Elan und den Wunsch nach Beteiligung der Mitglieder machte sich die altoba zunutze, als sie in den Jahren 2010 bis 2012 ihre Hausordnung aktualisierte. Die Hausordnung richtet sich zwar nicht an die Öffentlichkeit, geht aber jeden Bewohner etwas an. Beteiligung der Mitglieder entspricht der Unternehmenskultur. Warum also nicht die Mitglieder ins Boot holen, indem sie bei der Überarbeitung beteiligt werden? Die alte Hausordnung musste dringend aktualisiert werden, etliche Formulierungen waren veraltet, einige Inhalte mussten auf den Prüfstand gestellt werden. So sollte das leidige Thema Grillen neu geklärt werden, Neuerungen wie Rauchwarnmelder aufgenommen und „Karteileichen" wie Teppichklopfen entfernt werden.

Eine Regel der mit den Mitarbeitern durchgeführten Zukunftswerkstatt lautet: Betroffene zu Beteiligten machen. Denn gemeinsam erarbeitete Ergebnisse werden eher akzeptiert als Regeln, die einfach vorgesetzt werden. Das allein rechtfertigte den erhöhten Zeitaufwand, den man brauchte, um bei der nun zum „Projekt" gewordenen Hausordnung alle Anregungen aufzunehmen und teilweise einzuarbeiten. Die Zeit, die man hier investierte, so die Überlegung, sparte man später wieder ein, wenn die neue Hausordnung beachtet würde und weniger Nachfragen oder Beschwerden einliefen. Hinzu kam, dass die Mitglieder interessante und für die Mitarbeiter überraschende Anregungen einbrachten. So setzten sich die Mitglieder mit dem Sinn der Hausordnung auseinander, brachten ihre eigenen Auffassungen von Gemeinschaft ein oder wünschten sich Illustrationen bei der Gestaltung der Hausordnung. Diese Lebendigkeit wurde in der Gestaltung eingefangen: Etliche Zuschriften tauchen als O-Ton-Zitate, vom Hausordnungstext abgesetzt, wieder auf.

Doch eines nach dem anderen: Zunächst einmal wurde die alte Hausordnung von den Mitarbeitern in vielen Sitzungen überarbeitet. Sie brachten notwendige Änderungen ein und ließen diese noch sehr „trockene" Fassung extern überarbeiten. Gleichzeitig wurden die Mitglieder per Mieterzeitung und Homepage sowie mit einer Befragung per Postkarte in der Geschäftsstelle gebeten, Vorschläge für „die neue Hausordnung der altoba" zu machen. Die Beiträge wurden später auf der Unternehmens-Homepage veröffentlicht und zur Diskussion gestellt.

Die Resonanz war überwältigend. Zahlreiche Zuschriften trafen ein. Während sich die einen freuten, miteinbezogen zu werden, stiegen andere gleich konkret ein und bezeichneten die Hausordnung als „veraltet". Einige Mitglieder stellten auch die Hausordnung als solche in Frage. Zu viele Regeln würden „das Gefühl von zu Hause sein" zerstören. Außerdem würde die beste Hausordnung nichts nützen, wenn es immer mehr Mieter gäbe, die meinten, „eine Hausordnung gelte nur für die anderen, jedoch nicht für sie". Dennoch beteiligten sich auch die Kritiker einer Hausordnung mit konstruktiven Beiträgen.

Eine große Zahl der Beiträge zeigte eine positive Einstellung zur Nachbarschaft: „Wir leben hier, weil wir mit anderen Menschen zusammenleben wollen." Viele bewiesen ihre Fähigkeit zur „Selbstorganisation", nicht untypisch für die Mitglieder des Altonaer Spar- und Bauvereins. „Ich sehe die Hausordnung als Kommunikationsgrundlage, um mit Nachbarn ein Zusammenleben selbstständig zu handeln."

Die meisten Zuschriften enthielten jedoch konkrete Anregungen, die sich – nicht unerwartet – auf Treppenhausreinigung,

„Eine Regel der mit den Mitarbeitern durchgeführten Zukunftswerkstatt lautet: Betroffene zu Beteiligten machen. Denn gemeinsam erarbeitete Ergebnisse werden eher akzeptiert als Regeln, die einfach vorgesetzt werden. Das allein rechtfertigte den erhöhten Zeitaufwand, den man brauchte, um bei der nun zum ‚Projekt‘ gewordenen Hausordnung alle Anregungen aufzunehmen und teilweise einzuarbeiten.

Ruhestörungen und das Grillen im Hof bezogen. Thematisiert wurden auch Fahrradparkplätze und der Umgang mit den genossenschaftlichen Waschmaschinen. Einige Mitglieder warben um Verständnis, dass in der modernen Arbeitswelt manche Verbote fehl am Platze seien. So könne der laute Teil der Hausarbeit von vielen erst spät abends erledigt werden. Andere dagegen pochten auf die Einhaltung von Ruhezeiten, zumal die Häuser sehr hellhörig seien und man erwarten dürfe, sich zu Hause zu erholen. Ein Dilemma, mit dem die Mitarbeiter sich tagtäglich schlichtend beschäftigen müssen, mit und ohne aktuelle Regeln.

Schließlich legte man in der neuen Hausordnung neue Ruhezeiten fest: Sie gelten tagsüber mittags von 14 bis 15 Uhr und an Werktagen von 22 Uhr abends bis 7 Uhr, sonntags bis 10 Uhr morgens. In der gedruckten Hausordnung wird das Dilemma zwischen Ruhebedürfnis und Hausarbeit durch eine Illustration aufgegriffen. Das Grillen auf dem Balkon und in Innenhöfen ist mit „Rücksichtnahme auf andere Nutzer" seitdem gestattet – auf dem Balkon aber nur mit einem Elektrogrill. Neu in die Hausordnung aufgenommen wurde auch eine Bitte um Verständnis für spielende Kinder, aber auch der Hinweis, dass den Kindern Grenzen zu setzen wären.

Schließlich bekamen der Vorstand und der Aufsichtsrat die überarbeitete Hausordnung nach etlichen Fassungen und Bearbeitungen (Synopsen) vorgelegt. Sie fanden nur wenig Diskussionsstoff. Man spüre den Geist dieser neuen Hausordnung und begrüße diese, hieß es einstimmig von Seiten des Aufsichtsrats.

Neben einigen Änderungen und den neuen zusätzlichen Inhalten unterscheidet sich die neue Hausordnung vor allem durch eine modernere Sprache und eine neue Haltung von ihrer Vorgängerin, betont der Leiter des Mietercentrums. „Die Hausordnung spricht nicht von oben herab. Gleichzeitig gibt es klare Regeln." Und es werde für Verständnis innerhalb der Nachbarschaft geworben.

Die Hausordnung der Altonaer Spar- und Bauverein eG

Die neue gemeinsam erarbeite Hausordnung wird von den Mitgliedern anscheinend ernst genommen. Eine Befragung zur Wohnzufriedenheit 2013 ergab, dass nur zwei Prozent der Mitglieder von der altoba erwarteten, dass diese sich mehr um Sauberkeit und Einhaltung der Hausordnung kümmern sollte.

Eine Hausordnung kann immer nur ein Mittel zum Zweck sein. Besser als Verbotsschilder – die es glücklicherweise in rigider Form bei der altoba nicht mehr gibt – ist eine funktionierende Nachbarschaft, in der man Dinge ansprechen kann, ohne dass es gleich zum Streit kommt. Das funktioniert zum großen Teil gut. Einerseits. Andererseits suchen anscheinend weniger Mitglieder ein direktes und klärendes Gespräch untereinander, sondern rufen stattdessen die Genossenschaft als Schlichter und Schiedsrichter an. Sie soll sich um störende Fahrräder oder Müll im Flur kümmern.

Eine klar und deutlich formulierte Hausordnung kann hier unterstützen. Sie ist eine Kommunikationsgrundlage, um das Zusammenleben in der Nachbarschaft zu regeln. Nicht alles lässt sich festlegen: „Ich kenne neu eingezogene Nachbarn gar nicht“, schrieb ein Mitglied und schlug vor, in die Hausordnung den Passus aufzunehmen, dass neue Nachbarn sich vorzustellen hätten. Diese Regel wurde nicht aufgenommen. Dafür aber entstand die Aktion „Blumenstraß für nette Nachbarn“ – ein Dankeschön für Nachbarschaftshilfe.

Ist nun alles in Ordnung? Nach dem Spiel ist vor dem Spiel, heißt es. Und so hat die altoba bereits bei Erscheinen der neuen Hausordnung ihren Mitgliedern versprochen, dass diese nach einiger Zeit wieder überarbeitet wird und sie erneut zur Beteiligung eingeladen werden.

„Früher sagten wir oft: ‚Wir stellen ein Gerüst auf und das steht acht Wochen.' Heute geben wir generell mehr Informationen', sagt eine Mitarbeiterin der Technik. ‚Wenn man früher einen Wunsch ablehnte, hieß es, ‚So etwas gibt es nicht.' Heute begründen wir die Ablehnung. Die Grundlagen unserer Arbeit haben sich nicht geändert, wohl aber der Umgangston.

Der Wurm, der Fisch und der Angler

Die Korrespondenz wird verbessert

„Benötigen Sie Unterstützung bei schwierigen Briefen? Sprechen Sie uns an!", stand in einer Information für die Mitarbeiter. Der freundliche Satz war schon Teil des Programms: Es ging um einen weiteren Baustein in der Kommunikation, einen zeitgemäßen Schreibstil in der Korrespondenz mit den Mitgliedern. Denn in den sprichwörtlichen Wald ruft man eben nicht nur hinein, man schreibt auch. Es war notwendig, sich eingehend mit der Korrespondenz der altoba zu befassen. Zunächst wurden die Standardbriefe aus der Vermietungsabteilung, der Spareinrichtung und Technik von den Mitarbeitern unter die Lupe genommen. Wie konnte man besser und zeitgemäßer formulieren? In einem zweiten Schritt wurden mit externer Hilfe hunderte von Briefen bearbeitet, im dritten schließlich die Mitarbeiter geschult.

Damit hatte der Vorstand einen Nerv getroffen. Der Wille, den in die Jahre gekommenen Behördenschreibstil hinter sich zu lassen, war überall spürbar – selbst bei Behörden. Zur gleichen Zeit, es war das Jahr 2003, sorgte eine Initiative für eine bürgernahe Verwaltungssprache für ein bundesweites Medienecho. Der spätere Präsident des GdW erhielt dafür sogar einen Kulturpreis. Axel Gedaschko hatte in seiner Funktion als Landrat im Landkreis Harburg die Schreiben der Verwaltung überarbeiten und die Mitarbeiter entsprechend schulen lassen.

Ähnlich waren die Planungen der Altonaer. Was sich so leicht in einem Satz schreiben lässt, war in der praktischen Umsetzung jedoch komplexer und komplizierter. Wer lässt schon gern seine Briefe korrigieren? Doch die Bearbeitung der Korrespondenz war unumgänglich. Formuliert wurde seinerzeit noch wie in den 1950er-Jahren, sehr unpersönlich, ja geradezu autoritär: „Hiermit teilen wir Ihnen mit …", „laut Paragraph XYZ sind Sie verpflichtet" oder: „Wir haben festgestellt, dass …" Das entsprach nicht mehr der Kundenorientierung, die mit den Grundlagenseminaren Einzug gehalten hatte.

Jetzt ging es darum, sich beim Schreiben in den Adressaten hineinzuversetzen und das hierarchische Gefälle in den Formulierungen zu vermeiden – angesichts der veränderten Ansprüche in der Gesellschaft eigentlich eine Selbstverständlichkeit. Der Satz vom Wurm, der dem Fisch schmecken muss und nicht dem Angler, wurde nicht zufällig in diesen Jahren zum geflügelten Wort.

Hinzu kommt, dass der „Knigge" einer Genossenschaft umfassender ist, als es das Modell „Kunde" und „Dienstleister" vorsieht. Wer als Mitglied Anteile an einem genossenschaftlichen Unternehmen hat und sich damit in besonderer Weise mit ihm identifiziert, darf auch entsprechende Kommunikationsformen erwarten.

Jahrzehntelang hatten sich beide Seiten bei Disputen in gegenseitigem Unverständnis eingerichtet. „Liebe Mitglieder, schützt das Gemeinschaftseigentum der Genossenschaft", hieß es sinngemäß immer wieder. Die Mitglieder drückten auf unterschiedliche Weise ihre Empörung aus, wenn sie sich von oben herab oder ungerecht behandelt fühlten. Dann hieß es prompt: „Wie gehen Sie mit uns Mitgliedern der Genossenschaft um?" Spätestens mit der neuen Haltung in der Kommunikation war diese Frage nicht mehr leicht vom Tisch zu wischen.

Es ging zunächst einmal darum, den allgemeinen Schriftwechsel zeitgemäß zu gestalten, auch hier alte Zöpfe abzuschneiden. Die Veränderung des Schreibstils sei ein enormer Schritt gewesen, meint ein langjähriger Mitarbeiter. Er habe daraus viel gelernt und auch privat begonnen, Briefe anders zu schreiben. Beim Spar- und Bauverein fingen Briefe jetzt nicht mehr mit Daten oder einem Paragraphen an, sondern mit freundlichen einleitenden Sätzen. Die Wohnungen wurden in

den Briefen nicht mehr „zugeteilt“, man bedankte sich auch bei einer Absage für das Interesse, man zeigte mehr Verständnis für Probleme und vieles mehr. Natürlich hatte die Freundlichkeit ihre Grenzen, etwa wenn Nachbarn wiederholt durch andere gestört wurden oder die Nutzungsgebühren nicht gezahlt wurden.

Die Mitarbeiter der Genossenschaft zogen mit. Sie waren von dem amtlichen Stil der Behördenbriefe, die sie privat in ihren Briefkästen fanden, auch nicht begeistert. Hunderte von Briefen wurden überarbeitet – vom Geburtstagsgruß, den die Spareinrichtung verschickte, bis zum Umgang mit Mietminderung, vom Appell, keine Schuhregale im Flur abzustellen, bis zur Ankündigung einer Modernisierung. Doch das Überarbeiten sollte nur ein Zwischenschritt sein. Zusätzlich wurde in internen Seminaren erläutert, wie die „neuen Briefe“ aussehen sollten und was sich hinter der Umarbeitung verbarg. Letztlich ging es auch darum, die neue Qualität und Denkweise zu sichern. „Die Mitarbeiter verpflichten sich“, hieß es in einem internen Papier, „die modifizierte Form des altoba-Schriftwechsels zu leben, die Formulierungshilfen zu beachten und die Beispiele als Hilfestellung anzunehmen.“

Die Umstellung war zwar sehr arbeitsaufwändig, die Details hingegen oftmals wenig spektakulär. Manchmal fehlte nur eine freundliche Einleitung oder einfach mehr Transparenz, damit der Adressat den Zweck des Schreibens nachvollziehen konnte. Mitunter reichte es aus, die Optik des Briefes zu ändern, um ihn lesefreundlicher zu machen.

Doch letzten Endes gab und gibt die Haltung den Mitgliedern gegenüber den Ausschlag: „Früher sagten wir oft: ‚Wir stellen ein Gerüst auf, und das steht acht Wochen.‘ Heute geben wir generell mehr Informationen“, sagt eine Mitarbeiterin der

Technik. „Wenn man früher einen Wunsch ablehnte, hieß es: ‚So etwas gibt es nicht.‘ Heute begründen wir die Ablehnung. Die Grundlagen unserer Arbeit haben sich nicht geändert, wohl aber der Umgangston.“

Damit das Briefeschreiben dauerhaft gelingt, wurden in jeder Abteilung Verantwortliche für den Schriftwechsel benannt, sogenannte Paten, die an Beispielen die herausgehenden Briefe prüften. Inzwischen hat es sich bewährt, dass in größeren Abständen Standardbriefe geprüft und da, wo es sinnvoll erscheint, neue Formulierungen erarbeitet werden. Im Intranet des Unternehmens stehen Bausteine zur Verfügung, die es erleichtern, Standardbriefe zu erstellen – und auch zu variieren. Die Mitarbeiter erhalten weitergehende Tipps, beispielsweise wie Treppenhausaushänge klar und höflich geschrieben und gestaltet werden können. Zudem wird den Mitarbeitern ausdrücklich empfohlen, sich mit ihren Kollegen über mögliche Formulierungen auszutauschen, bevor ein aus dem Rahmen fallendes Schreiben herausgeht. Besondere Aufmerksamkeit liegt dabei auf Schreiben, die viele Mitglieder betreffen. Mit gut geschriebenen Briefen kann man die Zahl der Rückfragen vermindern und erhält im Idealfall auch schneller eine Antwort.

Die Ansprüche an die Korrespondenz – qualitativ und quantitativ – sind hoch. Geändert haben sich die Arbeitsvorgänge durch die Zunahme anspruchsvoller und ideenreicher, teilweise auch polemischer Anschreiben einiger Mitglieder. Dem Umgang damit haben wir ein eigenes Kapitel gewidmet. Als in den Jahren um 2004 herum die Briefe in großer Zahl überarbeitet wurden, ging es erst einmal um freundliche Ansprache im Sinne der Kunden- und Mitgliederorientierung. Heute, wo Facebook und WhatsApp Einzug in die Kommunikation gehalten haben, ändern sich Lese- und Schreibgewohnheiten auf dynamische Weise. Der Schriftwechsel wird folglich weiterhin regelmäßig geprüft. Der alte Zopf ist ab, doch die Frisur ändert sich weiter.

Gratwanderer, Blitzableiter und Netzwerker

Die Mitarbeiter und ihre Rolle in der Kommunikation

„Was weiß Deutschland über Genossenschaften?" lautet der Titel eines 2012 erschienenen Buches. Die bundesweite Befragung im Auftrag des genossenschaftlichen Institutes in Münster (IFG) ergab, dass eine große Zahl der Deutschen weiß, was Genossenschaften sind. Und fast jeder kannte eine Wohnungsgenossenschaft. Aber ihnen sind, das zeigte die Befragung ebenfalls, nicht alle Details der Unternehmensform bekannt. Das geht Mitgliedern einer Genossenschaft oft nicht anders. So ist auch in den Köpfen einiger altoba-Mitglieder die Vorstellung verankert, dass sie als „Anteilseigner" quasi Arbeitgeber der Mitarbeiter seien. Sie betrachten sie als ihre Angestellten, was die Mitarbeiter immer mal wieder zu spüren bekommen. „Wir bezahlen Sie doch. Also machen Sie auch, was ich will", ist ein häufig gehörter Satz.

Die Mitarbeiter wissen, dass nur ein kleiner Teil der Mitglieder so denkt und die große Mehrheit „zeitlebens zufrieden ist, ohne jemals das Wort an die Genossenschaft zu richten", wie eine Mitarbeiterin es formuliert. Doch dieser kleine Teil kostet Nerven und Zeit. „Da fühlen sich die Mitarbeiter", so die Personalleiterin, „manchmal ganz weit unten. Sie haben das Empfinden, man müsse sich alles gefallen lassen."

Das Gefühl, sich alles gefallen lassen zu müssen, ist gewissermaßen die Kehrseite der Mitgliederkommunikation. Diese ist vielschichtig: Es gilt, Mitglieder und ihre Wünsche zu respektieren, sich aber auch nicht in zu viel Mitgliederorientierung zu verlieren. Auch wenn der Wunsch nach Partizipation, nach mehr Beteiligung die Diskussion in der Öffentlichkeit bestimmt. Man muss viele Wünsche beachten, aber nicht jedem nachgeben, nur

„Im Fokus stand in den vergangenen Jahren die Teambildung und Etablierung von Projektarbeit. In den nächsten Jahren wird es darum gehen, die erarbeitete Haltung zu sichern und neuen Mitarbeitern die Möglichkeit zu geben, den Prozess und die Haltung der altoba nachzuvollziehen und mit zu gestalten.

weil sich häufig und laut beschwert wird. Andererseits sollten Anliegen auch nicht boykottiert werden, nur weil sie Nerven kosten oder man eine Aversion gegen bestimmte Mitglieder entwickelt. Schließlich müssen alle Mitglieder gleich behandelt werden.

Es helfen dabei gute Kenntnisse der Unternehmensform und – gute Nerven. Bei Neueinstellungen stellt die Genossenschaft von daher hohe Anforderungen an die Qualifikation der Bewerber. „Wichtig ist, herauszufinden, ob die Bewerber wirklich zu uns passen" sagt die Personalleiterin, „ob sie ähnliche Werte haben und mit unseren etwas anfangen können." Erfreulich viele Bewerber betonen, dass sie ganz bewusst eine Genossenschaft für eine Bewerbung ausgewählt haben, ein Unternehmen, das Menschen und nicht allein Rendite im Fokus habe.

Eine gute Voraussetzung, denn die Mitarbeiter sind es, die die Kultur des Unternehmens nach außen transportieren. Sie sind die „Praktiker". Ihre letztendliche Wortwahl in der Korrespondenz, ihre Entscheidungen und Entschuldigungen bei kleinen Engpässen und Pannen, aber auch ihre Großzügigkeit und Empathie prägen das Bild des Unternehmens.

Viele Menschen suchen täglich die Geschäftsstelle auf, viele von ihnen suchen dringend eine Wohnung. „Da sitzt eine Frau mit zwei Kindern und sagt: ‚Mein Mann schlägt mich und ich muss hier raus.'" Das sind Probleme, die einen Mitarbeiter auch emotional berühren. Gerade hier muss gewährleistet sein, dass die Zusammenarbeit zwischen den Abteilungen gut funktioniert. Oftmals „übernehmen" dann die Sozialpädagogen und vermitteln externe Hilfe in Notfällen.

Natürlich müssen Mitarbeiter selbstbewusst auftreten. Leicht gesagt für einen jungen Mitarbeiter Mitte Zwanzig, dem beispielsweise ein älterer Lehrer gegenübersitzt. Da kommt der Mitarbeiter leicht ins Straucheln: Wie setze ich mich durch? Wie viel Selbstbewusstsein und Selbstvertrauen habe ich?

Die Mitarbeiter sind Multiplikatoren, sie „veröffentlichen" mit jedem Aushang, jedem Brief Nachrichten an eine Teilöffentlichkeit, auch wenn das nicht immer bewusst ist. Fehler sind menschlich, wiegen aber in der öffentlichen Meinung schwer. Gute Erfahrungen, heißt es, werden im Schnitt drei Mal, schlechte Kundenerlebnisse mehr als 30 Mal weitererzählt.

Ein harter Job also? Nur zum Teil. Viele Mitarbeiter heben hervor, dass sie an dem Beruf die Vielseitigkeit schätzen, gerade den Umgang mit Menschen, die Kommunikation vor Ort, in den Wohnungen, an der Baustelle. Und die Genossenschaft weiß, was sie an ihren Mitarbeitern „hat“: Ob Arbeitszeitkonten oder jährliches Teamtraining, Führungskräftetraining, Coaching oder abteilungsübergreifende Projektgruppen ... Mitarbeiter beim Altonaer Spar- und Bauverein werden gefördert, genießen diverse soziale Leistungen.

Fast alle Mitarbeiter werden Mitglied der Genossenschaft, fast ein Drittel der rund einhundert Mitarbeiter wohnt darüber hinaus in Altona bei der altoba. Dass sie dem Unternehmen Wertschätzung entgegenbringen und dieses ihre Anerkennung findet, zeigen interne Befragungen und öffentliche Wettbewerbe, wie „Deutschlands beste Arbeitgeber“ oder „Hamburgs beste Arbeitgeber“. Da erzielte die altoba jeweils gute Werte.

Die Befragungen sind neu, nicht aber die Attraktivität des Altonaer Unternehmens. Der Altonaer Spar- und Bauverein habe schon immer ein sehr gutes Ansehen im Vergleich der Hamburger Wohnungsbaugenossenschaften gehabt, berichten ältere Mitarbeiter. Viele Mitglieder wohnen nicht nur über Generationen beim Spar- und Bauverein – einige arbeiteten auch über Generationen dort.

Und man setzte sich auch Generationen zuvor tatkräftig für das Unternehmen ein, in anderer Weise als heute, versteht sich. So habe sein Vater, der in der Mietenbuchhaltung gearbeitet habe, den Ehrgeiz gehabt, das Jahr am 31. Dezember ohne Mietrückstände abzuschließen, berichtet ein ehemaliger Mitarbeiter. Säumige Mitglieder suchte er deshalb persönlich auf und mahnte die Miete an. Wenn ein Mitglied aus aktueller

Geldnot nicht zahlen konnte, streckte er die Miete sogar vor. Geschichten aus einer anderen Zeit. Aber sie zeigt, wie stolz man auch als Mitarbeiter auf seine Genossenschaft war.

Heute ist es nicht mehr selbstverständlich, viele Jahrzehnte in einem Unternehmen zu arbeiten. Der Weg über die Zukunftswerkstatt und die Projektarbeit, in vorherigen Kapiteln beschrieben, hat inzwischen wieder zu einer stärkeren Mitarbeiterbindung geführt. Die Ausbildung wird mit dem Modell von Ausbildungspaten und eigenen Azubi-Projekten sehr ernst genommen. Die meisten Auszubildenden bleiben nach der Ausbildung im Unternehmen, sorgen somit für Nachhaltigkeit.

Das Unternehmen unterstützt heute sehr den Zusammenhalt der Mitarbeiter, auch wenn in der Schalterhalle nach Feierabend kein Fußball mehr gespielt wird, wie Anekdoten aus den 1970er-Jahren schildern. Aber im Rahmen eines Gesundheitskonzeptes für alle Mitarbeiter entstanden ab 2012 mehrere Betriebssportgruppen. Gemeinsam laufen, bowlen, Fahrrad fahren und anderes mehr bringt die Kollegen heute privat zusammen.

Teambildung bei der zu bewältigenden Arbeit wird großgeschrieben, deren Entwicklung ernst genommen. Denn Teams funktionieren nicht von allein, sie müssen „gepflegt" werden. Die Zusammensetzungen solcher Teams ändern sich und dann kann die Phase der Teambildung möglicherweise wieder von vorn beginnen. Je professioneller und gefestigter die Organisation, so der langjährige Trainer dazu, desto kürzer könne jedoch dieser Zeitraum sein. Die altoba gilt in der Personalentwicklung als gut aufgestellt. Erkennbar ist das auch an der Arbeitsweise. Die Kenntnis der Arbeit mit Metaplan, Gesprächsleitung bei Sitzungen, professionelle Präsentationen – all das ist Standard im Arbeitsalltag der Mitarbeiter.

Im Fokus stand, in diesem Buch beschrieben, in den vergangenen Jahren die Teambildung und Etablierung von Projektarbeit. In den nächsten Jahren wird es darum gehen, die erarbeitete Haltung zu sichern und neuen Mitarbeitern die Möglichkeit zu geben, den Prozess und die Haltung der altoba nachzuvollziehen und mit zu gestalten.

Mitarbeiter, neue wie langjährige, benötigen jedoch auch Unterstützung, um in der Debatte um Partizipation und Mitgliederrechte nicht zerrieben zu werden. Andere, weitere Fortbildungen sind gefragt: Seminare zur Kommunikation, zu Konfliktmoderation und Konfliktlösung, um in den wachsenden schwierigen Gesprächssituationen bestehen zu können.

Einige Inhalte der Zukunft lassen sich erahnen: Soziale Fragen der Mitglieder werden für die Mitarbeiter stärker ein Thema sein. Altersarmut, ein für Teile der Bevölkerung sinkender Lebensstandard, eine Zunahme von Migranten – damit verbunden werden die Erwartungen an Wohnungsgenossenschaften steigen. Gleichzeitig steigen allerorts, auch für die Mitarbeiter der Wohnungswirtschaft, die Anforderungen durch die fortschreitende Digitalisierung. „Mieterportale“ sind die Herausforderungen der Stunde. Dann können die Mitglieder viele Vorgänge online bearbeiten, wird das Arbeitserleichterung mit sich bringen oder zusätzliche Belastung bedeuten?

Viele der hier beschriebenen Erfahrungen zeigen, wie wichtig es ist, Impulse von „außen“ zuzulassen. Das wird zukünftig auch für die Mitarbeiter eine größere Rolle spielen – bei mehr Begegnungen im Stadtteil, durch intensive Kooperationen, bei Veranstaltungen. „Networker“ sind gefragt, es rückt das Netzwerken in den Blick.

In der Branche, z. B. über den Verband Norddeutscher Wohnungsunternehmen, bestehen viele Möglichkeiten, sich über die eigene Genossenschaft hinaus mit Kollegen zu vernetzen. Eine beginnende engere Zusammenarbeit mit dem Hamburger Bauverein der Elbgemeinden (BVE) bietet den Mitarbeitern beider Genossenschaften Möglichkeiten zum Austausch.

Mitarbeiter entwickelten in der Zukunftswerkstatt die altoba-card. Sie verschafft Mitgliedern Rabatte und Preisnachlässe bei Firmen, die überwiegend in Altona ansässig sind

Einige Mitarbeiter pflegen auch bereits gute Netzwerke mit den Mitgliedern. Dieser kurze Draht erleichtert es ihnen, schnell ein Feedback zu einem Vorkommnis abzurufen. So lassen sich unkompliziert erste Einschätzungen vornehmen, auch kann das Mitglieder-Feedback mit der gebotenen Vorsicht die Erarbeitung von Expertise unterstützen.

Sich vernetzen ist gut, zusammenarbeiten ist besser: Dass das Vorstand, Mitarbeiter und Mitglieder bereits praktizieren, zeigen die Erfahrungen aus den Projekten in der Kommunikation, vom Leitbild bis zur Hausordnung. Erste Ansätze gibt es bei der altoba schon seit den 1980er-Jahren, als Mitglieder in die Planung von Neubauten einbezogen wurden.

Eine Chance für die altoba liegt darin, produktiv zu nutzen, dass Mitglieder von heute oftmals viel über Gemeinschaft und das Genossenschaftswesen wissen und daran eigene Erwartungen haben. Mitgliedern so oft wie möglich Gelegenheit zu geben, sich zu beteiligen, ist nicht nur Aufgabe des Sozialmanagements. Natürlich gibt es Grenzen der Zusammenarbeit – doch wenn die Haltung der altoba weiter konsequent umgesetzt wird, werden Mitarbeiter und Mitglieder häufiger Teams bilden, als wir es jetzt gewohnt sind. Gut so für die Herausforderungen, die es zu lösen gilt. Und gut auch deshalb, weil es das Prinzip der Selbsthilfe aufgreift, das ein genossenschaftliches ist.

„Der Zukunftstag bei der altoba ist so etwas wie ein gemeinsamer Thinktank von Vorstand und Mitarbeitern geworden. In den vergangenen Jahren wurde unter anderem das Leitbild weiterentwickelt, ein neuer Bürostandort, der altoba-Service, ein Gesundheitskonzept für die Mitarbeiter ... Aus dem Zukunftstag entstehen wieder neue Projekte.

Junge Wilde – alte Hasen

27

Einmal im Jahr ist Zukunftstag für die Mitarbeiter

„Junge Wilde – alte Hasen". So lautet das Thema, zu dem sich im Sommer 2014 die Mitarbeiter im Kommunikationscentrum der Genossenschaft einfinden. Einmal im Jahr ist Zukunftstag beim Altonaer Spar- und Bauverein. Die Mitarbeiter wissen, was sie erwartet, und wissen, was von ihnen erwartet wird. Einen Tag lang wird konzentriert an einem zentralen Thema gearbeitet. Es geht um Austausch, neue Ideen, die Zusammenarbeit aller in lockerer Atmosphäre. Dennoch wird hier nichts dem Zufall überlassen. Ein externer Trainer moderiert die Veranstaltung, der Ablauf ist straff durchgeplant.

Die Idee des Zukunftstages kommt ursprünglich aus den USA. Zukunftstage werden nicht selten im Rahmen von Bürgerbeteiligung angeboten. Auch der GdW, der Bundesverband der Wohnungswirtschaft, veranstaltet jährliche Fortbildungsveranstaltungen unter der Bezeichnung „Wohnzukunftstage".

Die Mitglieder der Genossenschaft werden häufig eingeladen, sich zu beteiligen, beim Zukunftstag sind die Mitarbeiter „dran". „Wir arbeiten sehr diszipliniert, aber es ist keineswegs dröge", sagt eine Mitarbeiterin. Sie genieße es, an diesem Tag auch mal intensiv mit Kollegen aus anderen Abteilungen zusammenzuarbeiten. Ansonsten läuft es wie bei einem gewöhnlichen Seminartag: Man arbeitet in wechselnden Gruppen, mit kreativen Fragestellungen, präsentiert anschließend vor den Kollegen und dem Vorstand.

Anfang 2000 fand die Zukunftswerkstatt der altoba statt. Damit begann intensive Projektarbeit, die Kommunikation im Unternehmen änderte sich, es wurde viel abteilungsübergreifend gearbeitet (siehe das Kapitel 10 über die Zukunftswerkstatt). Man erfuhr mehr voneinander, Projekte wurden ausgetüftelt, Wissen auf kurzem Wege ausgetauscht. Den Erfolg und

14 Mitarbeiter der altoba agierten als Künstler für die neue Eingangshalle und gestalteten gemeinsam mit der Künstlerin Esther Naused ein Memory-Bild

diese Arbeitsweise miteinander wollte man sichern. Dieser Austausch bekam ein eigenes Format: Der Zukunftstag wurde ins Leben gerufen.

Der Zukunftstag bei der altoba ist so etwas wie ein gemeinsamer Thinktank von Vorstand und Mitarbeitern geworden. In den vergangenen Jahren wurde unter anderem das Leitbild weiterentwickelt, ein neuer Bürostandort, der altoba-Service, ein Gesundheitskonzept für die Mitarbeiter ... Aus dem Zukunftstag entstehen wieder neue Projekte.

Der Zukunftstag stellt eine Form der Beteiligung dar, wie sie der Unternehmenskultur mit den gleichberechtigten Interessen von Mitgliedern, Mitarbeitern und Unternehmen entspricht. Alle Mitarbeiter kommen zu einem vorher gesetzten Thema zusammen. Alle Mitarbeiter? Na, fast. Für den Servicebetrieb, die Handwerker der Genossenschaft, hat diese Art der Arbeit etwas später eingesetzt: 2013 fand ein erster eigener Zukunftstag für die Mitarbeiter der fünf Gewerke statt.

Locker in den Knien bleiben

28

oder „Briefe schreiben bei Konflikten"

Aus der E-Mail eines Mitglieds mit der Betreffzeile „Selbstbeweihräucherung im Geschäftsbericht":

„Guten Tag, ja, da wurde er doch noch gefunden, der zufriedene Mieter, der über die tolle Sanierung berichtet. Nix von dem Horror für die anderen steht da zu lesen. Ich hatte (...) nicht so viel Glück. Mir sollte die Umsetzwohnung gestrichen werden, weil der Architekt meinte, sie sei nicht mehr frei. Erst als ich dann mit Anwälten drohte [leider bin ich halt selber keiner], flutschte es plötzlich. Scheinen ja einen ziemlichen Respekt zu hinterlassen, die Anwälte. Oder die Anzüge ..."

Irritiert schaut der junge Mitarbeiter auf diese Mail. „Tut mir leid", sagt er dann ratlos zu seinem Abteilungsleiter. „Diesen Brief kann ich nicht beantworten." Die Regeln, die das Unternehmen für die Bearbeitung der Korrespondenz aufgestellt hat, helfen nicht immer, decken nicht jeden Fall ab.

Nachdem vor etlichen Jahren der Schreibstil der Standardbriefe bearbeitet und zeitgemäßer formuliert wurde, war man eigentlich gut ausgestattet. Die Haltung der Genossenschaft, sich respektvoll den Mitgliedern gegenüber und zugleich klar und deutlich in der Kommunikation zu zeigen, kam gut „rüber". Doch der Anteil individueller, auch konflikthaltiger Post nahm zu. Auch zu diesen Fällen und Fragen gibt die Kommunikationsstrategie Orientierung.

Finden sich also im Posteingang polemische oder gar beleidigende Briefe, geht es um ungewöhnliche Notlagen oder um grundsätzliche Fragen zur Mietenpolitik und Modernisierung, gerät der einzelne Mitarbeiter schon mal in Nöte, wird aber nicht allein gelassen.

„Die Mitarbeiter reagieren, Ihre Schreiben werden beantwortet und bei Mängeln wird Abhilfe geschaffen. Sie sind Mitglied einer Genossenschaft, die Sie nicht an der Höhe Ihrer Miete misst, sondern Sie wie jedes andere Mitglied fördert. Letzteres gehört zu den wichtigen Grundprinzipien einer Genossenschaft. Doch vielleicht entsprechen diese Prinzipien gar nicht den Ihrigen? Sehr geehrter Herr NN, wäre es nicht besser, den Nutzungsvertrag aufzulösen? Wir bieten Ihnen Unterstützung beim Umzug, die Übernahme der Renovierung und einen sofortigen Ausstieg aus dem Dauernutzungsvertrag.

Auszug aus dem Brief
„Auflösung des Nutzungsvertrages“
des Vorstands an ein Mitglied

„Wenn man einen schwierigen Brief bekommt, müsste man sich eigentlich sofort vor Ort anschauen, was genau dahintersteckt", sagt eine Mitarbeiterin der Technik zu dieser Thematik. Direkt ins Gespräch gehen ist ein wichtiger Impuls, besonders, wenn es um Stresskommunikation geht. Doch nicht immer reicht die Zeit und nicht jeder Mitarbeiter verspürt diesen Impuls. Und so entstehen in der Kommunikation nicht selten eigentlich vermeidbare Konflikte.

Um solche Konflikte zu minimieren, an dieser Stelle einige Empfehlungen für den Umgang mit, nicht nur, konflikthaltigen Briefen, aus der Praxis der altoba abgeleitet:

Die Erste lautet, einen Brief, der keinen Regelfall enthält und problematisch scheint, „abzuklopfen" auf die Fragen: Entsteht hier ein Brandherd, verbreitet sich schlechte Stimmung im ganzen Haus oder gar im Quartier? Will jemand an die Presse gehen, steckt hier ein Thema, das die Öffentlichkeit interessiert? Sind mehr als eine Mietpartei betroffen, hat die Genossenschaft hier Versäumnisse einzugestehen?

Mag sich der Schreiber selbst für einen Einzelfall halten, gibt es doch verbindende Themen, bei denen es angebracht ist, Formulierungen abzusichern. Mitglieder reagieren in der Regel sehr betroffen, wenn es um Eingriffe in die Gartenanlagen geht oder um neue Gestaltung von Haus und Hausflur. Und selbstredend bringen die Themen Nebenkostenabrechnung, Erhöhung der Nutzungsgebühren oder Ankündigung einer Modernisierung die Adressaten schnell auf die bekannte „Palme".

Die Einschätzung, ob es sich um einen solchen Brief handele, ist tatsächlich zunächst dem einzelnen Mitarbeiter überlassen. Das Risiko einer Fehleinschätzung ist also vorhanden, hinzu kommt, dass die Mitarbeiter ja mehr als einen Brief beantworten müssen und jedes Schreiben schnell und kompetent beantwortet werden soll. Minimiert wird das Risiko dadurch, dass auch die Abteilungsleiter in die Eingangspost schauen und mit der im Jahr 2012 geschaffenen Anlaufstelle für Beschwerden, ein „Beschwerdemanagement“, ein weiterer prüfender Blick geworfen wird. Dennoch kann es an hektischen Tagen geschehen, dass ein Brief schon mal in der Warteschleife landet, obwohl er besser mit absolutem Vorrang bearbeitet werden sollte.

Die zweite Empfehlung lautet, dem Mitarbeiter die Gelegenheit zu geben, aus dem Arbeitsalltag auszusteigen und die restliche Arbeit ohne schlechtes Gewissen ruhen zu lassen. Um einen schwierigen Brief beantworten zu können, benötigt man Zeit, um kreative Ideen zu entwickeln, absolute Konzentration. Auch ist es keine Schande einzugestehen, dass man mit seinem Latein am Ende ist und Hilfe von Kollegen oder Vorgesetzten benötigt. Bei der altoba, deren Mitarbeiter viel mit Kommunikation befasst sind, ist es Standard, sich zwischen den Abteilungen auszutauschen. Man benötigt ein festes oder wechselndes Team, das sich mit besonders schwierigen Briefen auseinandersetzt, also mit Briefen, die großes Konfliktpotenzial oder grundlegende Fragen enthalten. Und man muss den Mitarbeitern bestimmte Werkzeuge und Bausteine in die Hand geben, um ihnen ihre Aufgabe zu erleichtern. Wir werden weiter unten einige vorstellen.

Manchmal muss mit externer Unterstützung ein genau auf die Situation abgestimmter Spezialbrief entwickelt werden. Ein großer Arbeitsaufwand, aber er lohnt sich, denn der „Spezialbrief“ enthält meist Bausteine, die auch später Verwendung und ins normale System Eingang finden können.

Eine weitere Empfehlung lautet, die Erfahrungen aus der mündlichen Kommunikation auf den schriftlichen Umgang mit den Mitgliedern und anderen Gruppen zu übertragen. Dazu gehört der „Dialog auf Augenhöhe“ oder die Empfehlung, Betroffene zu Beteiligten zu machen und anderes mehr. Damit man möglichst einheitlich nach außen auftritt und damit Mitarbeiter auch von den Fortschritten der anderen im Umgang mit der Korrespondenz profitieren können, stellen einige Abteilungen, beispielsweise das Mietercentrum und das Beschwerdemanagement, ausgewählte „gute Briefe“ als Vorlage zur Verfügung.

Auf diese Weise hat die Genossenschaft im Laufe der Jahre eine Vorgehensweise entwickelt, mit möglichen oder bestehenden Konflikten in der Korrespondenz umzugehen. Immer noch ist jeder „Fall" anders, aber es gibt nun etliche Vereinbarungen und Instrumente. Die Mitarbeiter finden Unterstützung. All das soll verhindern, dass eine Krise durch eine unbedacht hingeschriebene Antwort entsteht.

Die jahrelange Arbeit hat sich gelohnt. Aufwändig zu entwickelnde neue „Spezialbriefe" gibt es kaum noch. Die Mitarbeiter sind routinierter geworden und die Anzahl der Bausteine, die ihnen zur Verfügung stehen, hat zugenommen. Dennoch reicht ein Zufall aus, manchmal ist es der Urlaub des Abteilungsleiters oder eines Kollegen, manchmal schlichtweg die Tageshektik, um doch eine unpassende Antwort abzuschicken. Unpassend ist ein Brief, der mit den Mitgliedern umspringt, von oben herab etwas mitteilt oder keinen Spielraum für Anmerkungen, keine Möglichkeit zur Beteiligung lässt.

Leider reicht es nicht aus, nur einige Schulungen anzubieten und sich als Vorgesetzter auf die Position zurückzuziehen: „Das wurde einmal eingeführt, das sitzt für immer." Hinzu kommt, dass jeder neue Mitarbeiter gründlich in diesen Bereich eingewiesen werden muss.

Schauen wir uns die Bausteine für konflikthaltige Kommunikation, um die es geht, einmal genauer an.

Einer oder alle? In früheren Jahren war es üblich, vorsichtshalber eine ganze Hausgemeinschaft anzumahnen, wenn ein einzelner Mieter gegen die Hausordnung verstoßen hatte. Heute werden solche Fälle differenziert bearbeitet, nur das betroffene Mitglied wird angeschrieben. Oder der Groll wird möglichst durch den Passus „Bei all denjenigen Mitgliedern, die sich bislang an die Regeln der Hausordnung gehalten haben, bedanken wir uns ausdrücklich" minimiert.

Entschuldigen Sie bitte: Niemand vergibt sich etwas, wenn er Fehler eingesteht und sich entschuldigt. Der Baubeginn war nicht rechtzeitig angekündigt? „Das tut uns leid, es lag nicht in unserer Absicht.“ Das Eingeständnis kostete anfangs vielleicht Überwindung, wird aber, so zeigen die Reaktionen, keineswegs als Schwäche wahrgenommen.

Anteilnahme: Jede Sache hat zwei Seiten. Wendet sich ein Mitglied schriftlich an seine Genossenschaft, sieht es nur seine persönliche Notlage, sein spezielles Anliegen. Doch oftmals müssen vor einer Antwort etliche Fakten geklärt werden. Zeigen Sie Anteilnahme: „Wir haben Ihr Schreiben über mögliche Beeinträchtigungen durch die benachbarte Lackiererei und die Information aus dem Bezirksamt mit Besorgnis gelesen und wünschen ebenso wie Sie eine schnelle und konstruktive Lösung.“

Kein Standard: Manche Briefe sind verzwickt, oftmals kann keine schnelle Abhilfe geschaffen werden. Und nicht selten geht eine Angelegenheit auch „ans Herz“. Ehrliche Formulierungen helfen: „Wir haben Ihr Schreiben vom 22.7.2010 erhalten und einige Tage benötigt, um es zu beantworten. Es ist kein einfaches Thema, das Sie ansprechen und wir möchten Ihnen keine ‚Standardantwort‘ schicken.“

Höflich beenden: Der Altonaer Spar- und Bauverein begrüßt und fördert ausdrücklich die Beteiligung seiner Mitglieder. Doch was ist, wenn bei einer Aktion kein Ende abzusehen ist und Vorschläge in munterer Folge auch nach Abschluss einer Debatte eintreffen? Dann sollte vermittelt werden, dass intensive Planungsprozesse begrenzt werden müssen. Man muss zu einem Schlussstrich finden: „Bitte haben Sie Verständnis: Die Argumente noch einmal neu aufzurufen, sprengt den Rahmen.“

Energie umwandeln: Briefe zu entwickeln ist ein kreativer Prozess. Und man kann auch inhaltlich neue Wege beschreiten. Ein Mitglied kritisiert immer wieder das Vorgehen der Genossenschaft und beruft sich dabei auf das genossenschaftliche Prinzip? Anstatt ihn abzuweisen, könnte man auch einladen, mitzumachen. „Lieber Herr NN, wir bitten Sie herzlich, sich auch weiterhin in die Genossenschaft einzubringen. Wir benötigen viele helfende Hände in der Nachbarschaft. Beispielsweise suchen wir aktuell Helfer für einen Kinder-Mittagstisch in Osdorf ..."

Die Gesprächsrunde: Man versucht, Mitglieder, die mit ihren gutgemeinten und durchaus konstruktiven Vorschlägen in Briefen viele Kräfte der Mitarbeiter binden, an einen Tisch zu bringen. „Verbesserung ist ein niemals abgeschlossener Prozess", schreibt dann etwa der Vorstand. „Wir planen daher im Herbst eine Gesprächsrunde mit Mitgliedern unserer Genossenschaft und wollen die Wünsche und Bedürfnisse unserer Mitglieder zum Thema XY diskutieren. Gern würden wir Sie als Teilnehmer dieser Gesprächsrunde begrüßen ..."

Das Einzelgespräch suchen: Ein Phänomen unserer Zeit ist das nächtliche Verfassen von E-Mails. Diesen ist häufig anzumerken, dass die späte Stunde wohl dazu eingeladen hat, sich „auszulassen", und das sowohl im positiven als auch im negativen Sinne. So hatte ein junges Paar mit Kind den Vorstand angeschrieben und nach einer Begründung für die Entwicklung der Miethöhen gefragt. Der Vorstand reagierte mit einer Einladung zu einem persönlichen Gespräch, um die Fragen ausführlich zu beantworten. Was wiederum die Mitglieder positiv überraschte.

Nicht nur Verständnis zeigen: Man muss nicht auf alle Briefe mit Verständnis reagieren. Binden notorische Kritiker die Arbeitskraft der Mitarbeiter über Gebühr, hilft es mitunter, ihnen nahezulegen, sich Gedanken darüber zu machen, ob sie das Prinzip Genossenschaft verstanden haben und tatsächlich in einer Genossenschaftswohnung leben möchten. Eine Wohnungsgenossenschaft spricht in der Regel keine Kündigung aus, ihre Mitglieder haben lebenslanges Wohnrecht, wenn sie sich nichts zu Schulden kommen lassen. Aber diese besondere Unternehmensform verlangt von beiden Seiten eine besondere Haltung, ein Geben und Nehmen.

Hier ein Auszug aus dem Brief des Vorstands an ein Mitglied, das es sich zur Aufgabe gemacht hatte, mit nicht enden wollenden Beschwerden, auch über die Mitarbeiter, auf sich aufmerksam zu machen: „Die Mitarbeiter reagieren, Ihre Schreiben werden beantwortet und bei Mängeln wird Abhilfe geschaffen. Sie sind Mitglied einer Genossenschaft, die Sie nicht an der Höhe Ihrer Miete misst, sondern Sie wie jedes andere Mitglied fördert. Letzteres gehört zu den wichtigen Grundprinzipien einer Genossenschaft. Doch vielleicht entsprechen diese Prinzipien gar nicht den Ihrigen? Sehr geehrter Herr NN, wäre es nicht besser, den Nutzungsvertrag aufzulösen? Wir bieten Ihnen Unterstützung beim Umzug, die Übernahme der Renovierung und einen sofortigen Ausstieg aus dem Dauernutzungsvertrag."

Ein solcher Brief ist eine Ausnahme, muss es sein – aber wenn das Bis-hierhin-und-nicht-weiter erreicht ist, kann man auch mal mit erkennbarer Emotion antworten. Die Reaktionen auf solche Briefe? Eine Partei reagierte gar nicht, die Reklamationen nahmen allerdings ab. Ein anderes Mitglied, das einen ähnlichen Brief erhielt, entschuldigte sich bereits am nächsten Tag. Er habe es doch nicht so gemeint ...

Er habe es nicht so gemeint. Dieser Satz sollte für die Mitarbeiter der Genossenschaft eine Warnung sein, denn auch sie könnten in die Verlegenheit kommen, Ähnliches sagen zu müssen, wenn sie einen Brief unbedacht formulieren. Im direkten Gespräch merken die „Kontrahenten", wie das Gegenüber aufgelegt ist, ob der Ton barsch, süffisant oder ironisch ist. In einem geschriebenen Brief weiß man nicht, wie der Adressat den Stil interpretiert.

Immer wieder müssen sich die Mitarbeiter mit Briefen auseinandersetzen, deren Stil ausfallend und verletzend ist. Auf keinen Fall dürfen sie sich dazu hinreißen lassen, auf die gleiche Weise zu antworten. Und das nicht nur, weil das nicht dem Schreibstil entspricht, sondern weil man die Konsequenzen nicht übersehen und kontrollieren kann. Wie schnell kann eine solche Mail im Internet kursieren, möglicherweise aus dem Kontext gerissen. Aber selbst wenn der Kontext erhalten bleibt, wäre es fatal, wenn der Genossenschaftsmitarbeiter sich im Ton vergriffen hätte.

Jeder Brief spiegelt die Haltung der Genossenschaft wider, wirkt über den Anlass hinaus. Auch wenn das Unternehmen versucht, die Kommunikationsstrategie in der Korrespondenz möglichst konkret zu machen, den Mitarbeitern so viel Orientierung wie möglich zu geben, bleibt hier ein nicht zu regelnder Rest. Wo Menschen und damit auch immer Emotionen im Spiel sind, gehört das einfach dazu.

„Locker in den Knien bleiben" lautet deshalb die letzte Empfehlung, an Vorstand und Mitarbeiter gleichzeitig gerichtet. Ehrlich bleiben, aber möglichst nicht aufbrausen, seinen Ärger auch mal verbergen – oder ihn am besten gar nicht erst aufkommen lassen. Wer sich leidenschaftlich für seine Genossenschaft einsetzt und fachlich seine Position untermauern kann, hat hoffentlich genug positive Energie.

Ein Brief zum Thema Mietminderung

Dieser Brief wurde zum emotional beladenen Thema Mietminderung entwickelt. Es ist ein Versuch, es in den übergeordneten Kontext Mitgliedschaft und Wohnen beim Altonaer Spar- und Bauverein einzubetten und argumentativ und informativ – nicht belehrend – die Position der Genossenschaft darzustellen. Er ist eine mögliche Variante. Andere sind denkbar und unter anderen Umständen auch notwendig.

„Guten Tag sehr geehrte Frau NN,

Sie teilten uns am XY mit, dass Sie eine Mietminderung wegen der starken Beeinträchtigungen angemessen finden. Wir bedauern die Beeinträchtigungen und können Ihren Wunsch verstehen. Wie bereits im persönlichen Gespräch mitgeteilt, bitten wir Sie jedoch, Folgendes zu bedenken.

Sie sind Mitglied einer Wohnungsgenossenschaft. Deshalb zahlen Sie auch, formal ausgedrückt, eine Nutzungsgebühr, keine Miete. Bei einer Genossenschaft wohnen, bedeutet erst einmal wohnen ohne Vermieterwillkür und Immobilienspekulation.

Genossenschaften sind Wirtschaftsunternehmen, die auch Gewinne erwirtschaften müssen. Doch als Mitglied profitieren Sie selbst davon: Überschüsse werden zum Teil an die Mitglieder als Dividende ausgezahlt, zum größten Teil jedoch in Modernisierung und Instandhaltung oder den Bau von neuen Wohnungen investiert. Über das Wohnen hinaus leben viele unserer Mitglieder gemeinschaftlich zusammen: Sie begegnen sich in den schönen Innenhöfen und treffen sich in großer Zahl in einem unserer fünf Nachbarschaftstreffs. Was das alles mit der Mietminderung zu tun hat? Wir möchten Ihnen verdeutlichen, dass eine Genossenschaft im Sinne ihrer Mitglieder investiert und sich für deren Interessen einsetzt. Wir unterstützen in Notfällen durch Beratung, bieten in Einzelfällen Hilfe und in allen Wohnungsangelegenheiten einen guten Service.

Wenn Sie also eine Mietminderung vornehmen, steht Ihnen die Möglichkeit frei.

Doch Sie mindern damit die Einnahmen Ihrer Genossenschaft. Wir benötigen Ihre volle Miete und Ihre Solidarität, wenn wir auch weiterhin unseren gewohnten Service anbieten wollen.

Wir bitten Sie daher, von einer Durchsetzung einer Mietminderung abzusehen. Wir verstehen, dass Sie Ihre Wohnqualität durch die Bauarbeiten gemindert sehen. Doch akuten Lärm durch Baustellen können wir nur mindern, abstellen können wir ihn meist nicht.

Wir werden den anderen betroffenen Mietern Ihres Hauses ebenfalls schriftlich erläutern, warum wir darum bitten, von einer Mietminderung abzusehen. Abschließend wünschen wir Ihnen eine besinnliche Adventszeit und ein gutes neues Jahr."

❞ Theater auf Ottensens Straßen
Friedensallee, Hohenzollernring, Röhrigstraße – als Ottensener ‚Dorf'-Bewohner kennt man diese Straßen von Spaziergängen. Doch welche Geschichten sich hinter den Hausmauern verbergen, weiß man nicht. Die Journalistin Bärbel Wegner hat ihnen in zahlreichen Interviews nachgespürt. Und der Theaterregisseur Frank Abt schickt sein Publikum nun auf einen Spaziergang. Über einen Knopf im Ohr jedes Einzelnen wird die Geschichte von Cornelia Eder (Rita Schaper), Jahrgang 1927, erzählt …

Altonaer Wochenblatt, 25. März 2009

„Das Glück im Blick"

29

Ein Theaterstück als Kommunikationsprojekt

Es begann mit einer E-Mail. Die ging im Herbst 2008 an Ulrich Khuon, damals Intendant des Hamburger Thalia Theaters. Verfasserin war Bärbel Wegner, die Khuon den Vorschlag machte, gemeinsam mit dem Altonaer Spar- und Bauverein ein Theaterstück zu entwickeln. Ein Stück, das in Hausfluren und Höfen der Genossenschaft spielen könnte und von den Lebensgeschichten der Menschen handelte, die dort wohnen. „Allein in dem Haus, in dem ich wohne, spielt sich alles ab, was zum Leben gehört – gute Nachbarschaft, Streit und Versöhnung, Liebe und Tod", hieß es in der Mail.

Das Thalia Theater und besonders seine Spielstätte in der Gaußstraße in Ottensen verstanden sich unter Khuons Leitung als Stadttheater im besten Sinne des Wortes. Ein Anspruch, der für Khuon Verpflichtung war. Er beschrieb es einmal mit den Worten, es gelte zu erforschen, wodurch das Leben, Wohnen und Arbeiten in der Stadt geprägt wird und welchen Lebensäußerungen man begegnet. Und so fand Khuon, damals in der letzten Halbzeit seiner Intendanz, den Vorschlag interessant und schickte gleich einen jungen Regisseur, Frank Abt, der mit den verschiedenen Formen des Dokumentartheaters vertraut war, nach Altona. Abt schaute sich in den Höfen und Wohnungen um, lernte Mitglieder der Genossenschaft kennen und skizzierte erste Ideen.

Im Dezember 2008 trafen sich dann der Vorstand der Genossenschaft und der Intendant des Thalia Theaters, womit die Kooperation offiziell begann. Die nötigen Vereinbarungen waren schnell getroffen: Das Theater würde das Stück entwickeln, zur Aufführung bringen und bewerben. Die Genossenschaft gab einen Zuschuss zu den Produktionskosten und stellte für die Proben und die vereinbarten 12 Aufführungen eine Woh-

Auftakt zur Kooperation für ein Theaterstück im Winter 2008. Ulrich Khuon, damaliger Intendant des Thalia Theaters, und Holger Kowalski vor dem Altonaer Spar- und Bauverein

nung zur Verfügung. Das Stück sollte auf Interviews mit Mitgliedern der altoba basieren und im Theater an der Gaußstraße, aber auch an anderen Spielorten, beispielsweise auf der Straße und in einer Wohnung, stattfinden.

Gesagt, getan. Frank Abt und Bärbel Wegner legten los. Zunächst einmal mussten viele Interviews mit älteren Genossenschaftsmitgliedern geführt werden, um deren Lebensgeschichte zu erfahren. Der Regisseur führte ihre Lebensläufe zu einem einzigen zusammen, dem der fiktiven „Cornelia Eder". Das Stück erhielt einen Namen, und „Das Glück im Blick" nahm allmählich Gestalt an. Das Stück hatte im März Premiere, weitere Aufführungen fanden im Mai 2009 zum 117. Geburtstag des Altonaer Spar- und Bauvereins statt.

Die Rahmenhandlung wirkt vertraut: Seit 50 Jahren wohnt die Protagonistin in ihrer Wohnung in der Röhrigstraße in Altona. Ein junger Mann aus der Nachbarschaft hat sie gelegentlich besucht und sich aus ihrem Leben erzählen lassen. Als die alte Dame nicht mehr in ihrer Wohnung anzutreffen ist, erzählt der junge Mann – die Rolle wurde mit dem Schauspieler Thorsten Hierse besetzt – den Zuschauern ihre Lebensgeschichte.

„Hier wird Altona zur Bühne", hieß es in einer Besprechung. Denn die Aufführung des Stücks war auch ein Streifzug durch Straßen und über Plätze in Altona-Ottensen. Nur die erste Szene spielte im Thalia Theater an der Gaußstraße, dann nahm der Schauspieler gemeinsam mit zwei weiteren Darstellern das Publikum mit auf einen Spaziergang. Hierse ging mit einem Mikrofon mit Sender vorweg, die Zuhörer trugen Kopfhörer und lauschten der Erzählung über das Leben der fiktiven Cornelia Eder. „Hier hat sie gearbeitet, hier ging im Krieg ein Blindgänger ins Fenster, hier wohnte der erste Ehemann ..." Eine Szene spielte auf einer Parkbank, eine weitere in einem Café, andere in einer Wohnung der altoba, zum Schluss fand man sich wieder im Theater ein. Rund 40 Zuschauer konnten jeweils an einer Aufführung teilnehmen. Das Stück wurde von

Das Theaterstück „Das Glück im Blick" 2009 enthielt eine Szene, die im Waschhaus der altoba in der Röhrigstraße spielte

vielen Medien besprochen – und immer positiv. Die 12 Aufführungen waren alle ausgebucht. Die Genossenschaft ließ „Das Glück im Blick" filmisch dokumentieren. Es ist heute als DVD bei der altoba erhältlich.

Unter den Mitgliederprojekten ist dieses Theaterstück ein sehr verdichtetes, konzentriertes. Es bezog zwar nicht alle Mitglieder direkt mit ein, die teilnehmenden dafür aber ausgesprochen intensiv und nachhaltig. Gleichzeitig wurde im Stadtteil und darüber hinaus mit Erstaunen zur Kenntnis genommen, dass der Spar- und Bauverein mit einer der renommiertesten deutschsprachigen Bühnen gemeinsam ein Projekt auf die Beine gestellt hatte.

Für die Kommunikationsstrategie der Genossenschaft hatte dieses Projekt einen überraschenden Mehrfachnutzen. Man hatte ganz unterschiedliche Altersgruppen angesprochen und zusammengeführt. Die älteren Mitglieder hatten sich gern als Interviewpartner zur Verfügung gestellt. Die Erfahrung, dass das eigene Leben von Interesse war, erlebten sie als eine große Wertschätzung. Ähnliches galt für die Bewohner des Röhrigblocks. Der Alltag in ihrem Wohnquartier barg offensichtlich viele Geschichten, die es wert waren, das Quartier zu einer Bühne zu machen.

Gleichzeitig entwickelte die Genossenschaft zum ersten Mal mit einem großen und bekannten Kooperationspartner aus dem Kulturbereich ein Projekt. Zweimal war das Thalia bereits „Theater des Jahres" geworden und bekannt für herausragende Inszenierungen. Der Regisseur Frank Abt war bereits bundesweit für seine ungewöhnlichen Inszenierungen bekannt. Der Hauptdarsteller Thorsten Hierse wurde später zu den aufregendsten jungen Schauspielern in Berlin gezählt. Der Altonaer Spar- und Bauverein profitierte vom Ansehen des Theaters und seiner Akteure und natürlich von der Bewerbung des Stückes durch das Theater. Das Theater wiederum profitierte von der professionellen Begleitung durch die Genossenschaft. Die Wohnung stand einige Monate zur Verfügung, Nachbarn wurden informiert und zu den Aufführungen eingeladen, bis hin zum Putzservice im Hausflur nach den Aufführungen war für alles gesorgt.

Den Mitgliedern wurde bewusst, dass ihre älteren Nachbarn auf interessante Lebensläufe zurückblicken konnten und Geschichten zu erzählen hatten. Die Öffentlichkeit erhielt Einblicke in den Alltag der Mieter der Genossenschaft: Eine Szene spielte in einem Waschhaus der Genossenschaft, zwischen laufenden Maschinen. Eine andere im Hof zwischen den Häusern. Man betrat einen Hausflur und eine Wohnung, schnupperte die Atmosphäre dort. Der Regisseur hatte sich dafür entschieden, das Publikum, geführt vom Erzähler, durch den Hof und Kellereingang die Röhrigstraße 1 betreten zu lassen – ein Zugang, den wohl kein Wohnungswirt bei einer Hausbesichtigung gewählt hätte.

„Meistens holen wir das Leben ins Theater", so äußerte sich Ulrich Khuon, „in diesem Stück gehen wir ihm nach."

» Das Projekt ‚altoba forscht' beginnt im Herbst 2010. Anstelle eines großen Festakts zum 120-jährigen Bestehen wird ein Mitglieder- und Stadtteilprojekt geplant. ... Ziel des Projekts ist es, Mitglieder, Mitarbeiter und Stadtteilakteure – das Stadtteilarchiv und einige Schulen – im Rahmen einer generationenübergreifenden Projektarbeit miteinander ins Gespräch zu bringen und die bereits bestehenden Netzwerke zu stärken. Außerdem ist es ein reizvoller Gedanke, mit dem Projekt einen Beitrag zum UNO-Jahr der Genossenschaften 2012 zu leisten.

„altoba forscht"

oder „Wenn der Vorstand mit dem Professor"

Das Projekt „altoba forscht" begann 2010, doch beginnen wir diesmal mit dem Schluss und wenden uns zunächst dem Herbst 2013 zu. Ein älteres Ehepaar will ein Mehrfamilienhaus in Altona verkaufen. Es könnte das Grundstück und das Gebäude auf dem Immobilienmarkt anbieten. Stattdessen entscheidet es sich, beide dem Altonaer Spar- und Bauverein anzubieten. Schließlich erwirbt die Genossenschaft das Haus in guter Lage zu einem, in Relation zur damaligen Preisentwicklung in der Altonaer Altstadt, ausgesprochen günstigen Preis.

Zufall? Glück? Natürlich spielen Zufall und Glück immer eine Rolle, doch man muss auch solide arbeiten, um sich dieses Glück zu verdienen. In diesem Fall war das Ehepaar auf die Arbeit des Altonaer Spar- und Bauvereins aufmerksam geworden, als es eine Ausstellung zur 120-jährigen Geschichte der Genossenschaft im Altonaer Museum gesehen hatte.

Entstanden war diese Ausstellung einerseits, weil die altoba damit einen Beitrag zur Rettung des von der Schließung bedrohten Museums leisten wollte, andererseits, um den Altonaern anlässlich des 120-jährigen Bestehens der Genossenschaft ihre Bedeutung für die Stadt Altona – sie wurde erst 1937 ein Teil Hamburgs – vor Augen zu führen. Und da die Mitglieder intensiv in die Vorbereitung dieser Ausstellung einbezogen wurden, trug die Ausstellung auch noch mit dazu bei, deren emotionale Bindungen zur Genossenschaft zu stärken. All diese Ziele hatte man vor Augen, als man das Projekt Ausstellung anging. All diese Ziele erreichte man. Dass die Ausstellung auf das Ehepaar einen solch großen Eindruck machen würde, konnte niemand ahnen. Dieses Mitgliederprojekt

Bei „altoba forscht" kamen Schüler und ältere Mitglieder zusammen. Hier beim Interview auf einem Balkon in der Barnerstraße

hat sich in mehr als einer Hinsicht gerechnet, so dass der Schluss naheliegt, bei derartigen Projeten nicht nur auf den mitunter eng umrissenen unmittelbaren „Nutzen" zu schauen, sondern sie in einem weiter gesteckten gesellschaftspolitischen Rahmen zu betrachten.

Das Projekt „altoba forscht" beginnt also im Herbst 2010. Anstelle eines großen Festakts zum 120-jährigen Bestehen wird ein Mitglieder- und Stadtteilprojekt geplant. Beteiligen können sich über einen längeren Zeitraum hinweg Mitglieder, aber auch die Mitarbeiter und Kooperationspartner der altoba. Ziel des Projekts ist es, Mitglieder, Mitarbeiter und Stadtteilakteure – das Stadtteilarchiv und einige Schulen – im Rahmen einer generationenübergreifenden Projektarbeit miteinander ins Gespräch zu bringen und die bereits bestehenden Netzwerke zu stärken. Außerdem ist es ein reizvoller Gedanke, mit dem Projekt einen Beitrag zum UNO-Jahr der Genossenschaften 2012 zu leisten.

Im Herbst 2010 wurden die Zielgruppen per Aushang, über die Mieterzeitung und mit einer Postkarte zur Teilnahme ermuntert. Außerdem fand eine Auftaktveranstaltung mit „Lokalprominenz" statt. Die Resonanz war erfreulich stark. Mitglieder und Mitarbeiter trugen von Dachböden, aus Kellern und Wohnungen Fundstücke und Dokumente zusammen. Alte Klingelknöpfe, Sparbücher, Gemälde, Fotos und andere mehr fanden sich an – darunter auch die Einrichtung eines historischen Gemeinschaftsbads im Keller. Hinzu kamen viele persönliche mündliche und schriftliche Erinnerungen von Mitgliedern und Mitarbeitern. Mitglieder wurden interviewt, ein Teil der Beiträge in der Mieterzeitung vorgestellt.

In mehreren moderierten Erzählcafés tauschten Mitglieder Erinnerungen aus. Diese wurden aufgezeichnet und verschriftlicht. Das bislang verstreut existierende Archiv wurde neu geordnet und der Öffentlichkeit zugänglich gemacht. Schüler der Max-Brauer-Schule in Altona forschten in Beständen der altoba und interviewten ältere Mitglieder, Mitarbeiter und Architekten. Die Ergebnisse wurden von den Schülern in einem Nachbarschaftstreff der altoba öffentlich präsentiert.

Auf den Spuren der Geschichte wanderten altoba-Mitglieder auf Stadtteilrundgängen, die von Historikern und dem ehemaligen Bezirksamtsleiter geleitet wurden. Und als wenn das alles noch nicht ausreichen würde, beauftragte man den Historiker Holmer Stahncke, eine neue Geschichte des Altonaer Spar- und Bauvereins zu schreiben, in der auch die noch

Holger Kowalski und Bärbel Wegner bei einer Ansprache an die Mitglieder, die sich am Projekt „altoba forscht" beteiligt hatten

vorhandenen, bislang unbeachteten Archivalien eingearbeitet wurden. Das Buch erschien im Juli 2012 und erhielt viel Aufmerksamkeit, selbst in der überregionalen Presse.

„Altoba forscht" war ein Kommunikationsprojekt, das viele Menschen erreichte. Zu den Höhepunkten des Jubiläumsprojektes aber zählte die im Mai eröffnete Ausstellung im Altonaer Museum. Ein Kooperationsprojekt, das bereits in der Vorbereitung funktionierte: Die Genossenschaft stellte die meisten Ausstellungsstücke zur Verfügung und brachte ihr historisches Wissen über die eigene Geschichte ein. Die Aufzeichnungen aus den Erzählcafés, in Kooperation mit dem Stadtteilarchiv Ottensen durchgeführt, wurden zum Teil in Hörstationen präsentiert. Studenten der Medienakademie Hamburg drehten für die Ausstellung den Kurzfilm „Max forscht", der nicht nur im Museum gezeigt wurde, sondern als DVD auch dem Geschäftsbericht 2012 beilag. Hierbei ist erwähnenswert, dass der Leiter des Museums, Professor Torkild Hinrichsen, seinerzeit bärtige Kultfigur im Stadtteil, im Film eine Rolle übernahm, ebenso die beiden Vorstandsmitglieder der Genossenschaft. Im Ferienprogramm des Museums erforschten Kinder die Geschichte der altoba. Ein Malwettbewerb und eine persönlich gefasste Weihnachtsausstellung ergänzten das Programm. Die Ausstellung „Bei uns nebenan. Bauen und Wohnen in Altona" wurde vom Mai bis Dezember 2012 gezeigt. Die Presse und das Fernsehen berichteten, rund 40.000 Besucher sahen diese Ausstellung – darunter das eingangs erwähnte Ehepaar.

Ein Déjà-vu

Die Fahrradbügelinitiative

Eigentlich war doch alles gut. Die altoba hatte ein Konzept mit dem Namen „2:1" entwickelt, um dem wachsenden Bedarf an Fahrradstellplätzen im gesamten Wohnungsbestand gerecht zu werden. Mit der Schaffung von zwei Stellplätzen pro Wohneinheit lag die altoba bereits im Bereich der geforderten Stellplätze, die im Neubau je nach Wohnungsgröße nach der Hamburger Bauordnung geschaffen werden müssen. 2025 sollte das Projekt abgeschlossen sein.

Das Konzept wurde 2013 auf den Vertreterzusammenkünften präsentiert und fand Zustimmung – auch das Bekenntnis des Vorstands zum Transportmittel Fahrrad: „Dem Fahrrad gehört die Zukunft." Doch kein Vertreter hakte nach, wo man denn die vielen Fahrradbügel aufstellen wolle und wann die Mitglieder einbezogen würden. Mittlerweile gehörten Informationsveranstaltungen zu Baumaßnahmen und anderen Fragen schon zum üblichen Repertoire, man vertraute der altoba. Insgesamt sollten bis zum Jahr 2025 fast 6.000 neue Fahrradstellplätze geschaffen werden. Begonnen hatte man an den Häusern am Fischmarkt, das verlief reibungslos. Nun sollten weitere Bügel, geplant waren über 1.000, im Schützenblock aufgestellt werden. Hier hatten die Bewohner bereits früher um weitere Fahrradstellplätze gebeten.

Doch man „unterschätzte" den Kommunikationsbedarf und plante über die Information hinaus keine Beteiligung ein. Und unversehens hing die Ankündigung der Baumaßnahme inklusive Lageplan in den Hausfluren. Mit nur noch einer Frist von wenigen Tagen bis zum Baubeginn. Und während manche Mitglieder noch versuchten, aus dem Lageplan schlau zu werden, sammelten andere bereits Unterschriften gegen den Start der Maßnahme. Denn sie hatten schon verstanden, dass die

”In der Genossenschaft war man zwar überrascht vom Gegenwind, aber keineswegs orientierungslos. Die Mitarbeiter reagierten routiniert. Zunächst wurde ein interner Krisenrat einberufen und man beschloss kurzerhand, den Baubeginn zu verschieben. Ein entsprechendes Schreiben ging an die Mitglieder, die nun ihrerseits überrascht lesen konnten, dass das Vorhaben zu schnell an den Start gegangen sei. Man wolle sie in die Planungen einbeziehen und entschuldige sich: ‚Das tut uns leid, das lag nicht in unserer Absicht.‘

1.170 geplanten Fahrradbügel an Hinterhof und Straßenseite vieles verändern würden. Die Bewohner fühlten sich überrollt. Sie forderten Bedenkzeit und wollten an den Planungen beteiligt werden. Schnell kamen zahlreiche Unterschriften zusammen, die der Genossenschaft zusammen mit einem Schreiben übergeben wurden.

Es hatte schon einen gewissen Déjà-vu-Effekt – das hatte man doch alles schon erlebt. Ein Aushang im Flur ruft Protest hervor, der wird schnell und deutlich artikuliert. Und während die Mitarbeiter noch Phänomen und Ursache in Übereinstimmung bringen, freuen sich die Mitglieder bereits über den Erfolg ihrer Initiative. Man sei von Tür zu Tür gegangen und habe mit fast allen Nachbarn gesprochen, schilderten die Initiatoren des Protestes den Verlauf. Der Protest habe – gewissermaßen als unbeabsichtigter positiver Nebeneffekt – zu besseren nachbarschaftlichen Beziehungen im Schützenblock geführt. Die neue Mitgliederinitiative im Bestand erinnerte die älteren Mitarbeiter an die Zeiten, als sich die Bewohner des Barnerblocks solidarisierten. Und doch entwickelte sich hier etwas anderes – von der aggressiven Stimmung gegenseitigen Unverständnisses war diesmal nichts zu spüren.

In der Genossenschaft war man zwar überrascht vom Gegenwind, aber keineswegs orientierungslos. Die Mitarbeiter reagierten routiniert. Zunächst wurde ein interner Krisenrat einberufen und man beschloss kurzerhand, den Baubeginn zu verschieben. Ein entsprechendes Schreiben ging an die Mitglieder, die nun ihrerseits überrascht lesen konnten, dass das Vorhaben zu schnell an den Start gegangen sei. Man wolle sie in die Planungen einbeziehen und entschuldige sich: „Das tut uns leid, das lag nicht in unserer Absicht."

Vorstand und Mitarbeiter stellten sich ohne Weiteres Gesprächen vor Ort. So erfuhr man mehr über den Unmut. Die Mitglieder argumentierten sehr sachlich. Sie verwiesen vor allem auf die geplante hohe Anzahl der Bügel, die sich nicht mit den vielen Single-Wohnungen in der Anlage in Einklang bringen ließ. Es ging um ans Herz gewachsene Rosenbeete, die verlegt werden sollten, Auflagen des Denkmalsschutzes und die sich verringernden Freiflächen im Hof. Und um Respekt. „Als Mitglieder der Genossenschaft möchten wir einbezogen werden“, hieß es entschieden.

Eine Versammlung für alle Betroffenen schien das geeignete Mittel. Dazu wurde rechtzeitig eingeladen und die Veranstaltung inhaltlich vorbereitet. Auch die Initiative bereitete sich vor. Mit einer Befragung erkundeten Mitglieder den tatsächlichen Bedarf ihrer Nachbarn an Stellplätzen. Sie schauten sich Fahrradbügel an und maßen Abstände aus, rechneten Kosten für eventuelle Bodenverdichtung aus, stellten ein eigenes Konzept zusammen.

Machen wir es kurz: Die Planung im Schützenblock wurde angepasst. Ursprünglich war eine Erhöhung des Bestands auf 1.170 Stellplätze, anschließend auf nur insgesamt etwa 750 Stellplätze vorgesehen. Der Abstand zwischen nebeneinanderstehenden Bügeln wurde auf Wunsch einiger Mitglieder reduziert, die Rosen wurden verpflanzt und anderes mehr.

Beeindruckend, wie schnell und einvernehmlich trotz Debatte an einem Abend nach nur drei Stunden ein Abschluss gefunden werden konnte. Als eingeladen wurde, war dieses Ergebnis nicht vorherzusehen, man ging ergebnisoffen, eine wichtige Regel, heran. Die Mitglieder räumten anschließend ein, dass alle Seiten gut vorbereitet gewesen seien und Vorstand und Mitarbeiter auch spontane Fragen gleich hätten klären können.

Es war deutlich, dass es den Mitgliedern nicht darum ging, den Prozess in die Länge zu ziehen oder teurer zu machen. Die Anwesenden stimmten dem geänderten Plan mit großer Mehrheit zu. Die altoba versprach, ein Kurzprotokoll sowie die überarbeitete Planung für die Fahrradstellplätze im Schützenblock in den Treppenhäusern auszuhängen. Weitergehende Informa-

Informationsveranstaltung zum Thema Fahrradbügel, 2013

tionen, unter anderem ein ausführliches Protokoll, wurden auf der Website der altoba veröffentlicht.

Aus diesem Konflikt wurde somit ein Kommunikationsprojekt mit nachhaltiger Wirkung. Wenige Monate später luden die Mitarbeiter zu Vorbesprechungen für den Bau von 1.300 weiteren Fahrradstellplätzen in einem anderen Quartier zu gleich drei Informationsveranstaltungen. Lagepläne, Präsentationen und Protokolle findet man anschließend auf der Homepage der altoba. Im Schützenblock treffen sich, so ist zu vermuten, heute die Nachbarn weiterhin zum Plausch auf der Straße, ohne Klemmbrett.

Und wenn die Baumaßnahme nicht gestoppt worden wäre, so die Frage an einen der Initiatoren. „Wir hätten uns vor die Bagger gestellt. Dann wäre hier etwas los gewesen."

" Lernen sei Erfahrung, alles andere einfach nur Information, soll Albert Einstein gesagt haben. Als Vorstand verstehe ich es als meinen Auftrag, aus den Erfahrungen wieder Informationen zu machen. Beispielsweise durch das Notieren von Regeln, die auf unseren Erfahrungen beruhen. Die Regeln, wie ich mich bei Konflikten und Krisen in der Kommunikation verhalte, gehören dazu.

Holger Kowalski

Zehn Leitsätze zum Thema informieren und verhandeln

01 Transparenz: Keine Angst vor Transparenz! Erst einmal alles kommunizieren! Denn durch die Medien wird ohnehin alles irgendwann bekannt.

02 Informationen: Je weniger Informationen die Leute von uns bekommen, desto ärgerlicher werden sie.

03 Anliegen ernst nehmen: Die Menschen mit ihren Anliegen ernst nehmen und ihnen erst einmal zuhören. Begrüßen heißt annehmen.

04 Begründen können: Heute müssen Entscheidungen erläutert werden, etwa so: „Wir machen das aus diesen oder jenen Gründen und das kann ich begründen."

05 Wissen der anderen anerkennen: Man muss akzeptieren, dass man nicht der Einzige ist, der sich in Fachfragen auskennt. Unsere Versammlungen verliefen lange Zeit sehr hitzig, weil wir das nicht anerkennen wollten.

06 Nein sagen: Ein „Nein" reicht nicht, man braucht gleichzeitig Alternativen zu den Gegenargumenten. Im günstigen Fall entsteht dann Neues.

07 Einzelinteressen: Vertreter von Einzelinteressen müssen entlarvt werden. Es darf nicht zu Minderheiten-Diktaten kommen.

08 Mehrheiten: Wenn man bei Prozentzahl 51 angekommen ist, muss man seine Position verteidigen.

09 Zu Entscheidungen stehen: Eine einmal getroffene Entscheidung darf nicht umgestoßen werden. Nur, wenn es außerordentliche Umstände erfordern.

10 Potenziale nutzen: Netzwerken, netzwerken, netzwerken.

"Am 13.12.2012 wurden die Ergebnisse interessierten Mitgliedern und Mitarbeitern der Genossenschaft vorgestellt. ... Die Moderation der Schülervorträge übernahmen die Schüler selbst und sie kündigten als Erstes die Gruppe an, die sich mit dem Thema ‚Generationenwohnen' beschäftigt hatte. Die beiden Mädchen hatten dazu mehrere Interviews mit älteren Mitgliedern der altoba geführt. Diese lauschten im Publikum gespannt den Ausführungen, mit denen ihre persönlichen Erinnerungen wiedergegeben wurden.

Aus dem Protokoll einer Schülerpräsentation

Weg in den Stadtteil

Kooperation mit Schulen

Ein Reisebus hält vor der Geschäftsstelle des Altonaer Spar- und Bauvereins in der Max-Brauer-Allee. Die Türen öffnen sich und eine ungewöhnlich junge Besuchergruppe steigt aus – eine Schulklasse der Max-Brauer-Schule in Altona. Diese fünfte Klasse hat heute viel vor. Auf dem Programm steht eine Besichtigung der Geschäftsstelle, wo sie sich auch über die Arbeit der Baugenossenschaft informieren wollen. Anschließend werden sie die Bestände der Genossenschaft, den Handwerksbetrieb und eine Baustelle in Augenschein nehmen und vor Ort Mitarbeiter und Mitglieder interviewen. Denn dieser Ausflug ist Teil ihres Unterrichts – auch wenn sie die Schule an diesem Tag nicht zu Gesicht bekommen. Später wollten sie ihre Erfahrungen in der Schule diskutieren und eine Präsentation für die Mitarbeiter und Mitglieder erarbeiten.

Die Zusammenarbeit zwischen der altoba und der Max-Brauer-Schule erfolgt im Rahmen des Konzeptes „Weg in den Stadtteil“, mit dem die Genossenschaft eine neue Strategie der Kommunikation im Stadtteil einleitet.

Einige Tage zuvor hatten die Schüler bei einer Auftaktveranstaltung Informationen zur Genossenschaft erhalten. Und Hinweise auf die Themen, die es zu entdecken gäbe – von der Baustelle über die Spielplatzgestaltung bis zum Zeitzeugeninterview. Mitarbeiter und Lehrer hatten in der Vorbereitung bereits festgestellt, dass sich viele trockene Unterrichtsinhalte bei der altoba in der Praxis erforschen ließen. Je nach Alter der Schüler würden Praktika oder Projekttage möglich sein.

Die Max-Brauer-Schule gilt als experimentierfreudig und ist für solche Projekte aufgeschlossen. Die Stadtteilschule darf sich „Club of Rome Schule“ nennen. 2006 wurde sie zu einer der besten Schulen Deutschlands gewählt. 2006 begann die

Schüler der Max-Brauer-Schule aus Altona interviewen den Vorstand der altoba. Außerschulische Lernorte gehören zum Konzept der Schule, mit der die altoba kooperiert

Zusammenarbeit zwischen dem Altonaer Spar- und Bauverein und der Schule. Auch diese wurde ausgezeichnet. Auf einem Genossenschaftstag dreier Genossenschaftsverbände 2006 in Dortmund erhielt sie einen ersten Preis. Gewürdigt wurde das von der Genossenschaft präsentierte Konzept „Genossenschaft und Schule" und der Ansatz, potenzielle zukünftige Mitglieder anzusprechen. Außerdem betonte die Jury den Vorbildcharakter dieser Zusammenarbeit, die problemlos auch auf andere Unternehmen übertragbar sei.

Wenn man in der Genossenschaft gedacht hatte, eine solche Kooperation sei ein Selbstläufer, der gewissermaßen neben dem Alltagsbetrieb nebenherlaufen würde, irrte man sich. Ohne Engagement auf beiden Seiten, ohne Menschen, die bereit sind, Zeit zu investieren, sich zusammenzusetzen und zu diskutieren, kommt man nicht weit. Und selbstverständlich muss auch die Chemie stimmen. Eines wurde schnell deutlich. Der Schulalltag ist eng getaktet und man muss hartnäckig und mit viel Geduld für sein Anliegen werben. Das Konzept muss stimmen, die Schüler müssen einen Mehrwert haben. Dann trifft man auf offene Türen.

Es begann mit einer kurzen Vorstellung der möglichen Zusammenarbeit auf einer Lehrerkonferenz. Das Kollegium konnte überzeugt werden und anschließend kamen zwei Lehrer, die mit ihren Klassen an dem Kooperationsprojekt teilnehmen wollten, auf die Genossenschaft zu. Im gleichen Jahr starteten die ersten Projekte. Schüler befragten ältere Mitglieder zu ihren Erinnerungen, suchten Architekten auf, Baustellen und auch den Vorstand. Die Ergebnisse wurden im Unterricht und ebenso vor Mitgliedern und Mitarbeitern präsentiert.

Als die altoba sich mit ihrem Mitgliederprojekt „altoba forscht" 2010 bis 2012 auf ihr 120-jähriges Jubiläum vorbereitete, waren die Schüler der Max-Brauer-Schule wie selbstverständlich beteiligt. Ein besonderer Erfolg war die Einladung, sich auf einem Lehrerworkshop zu präsentieren. „Außerschulische Lernorte und Kooperationspartner": Das Beispiel Altonaer Spar- und Bauverein (altoba) lautete das Tagesthema, die altoba

Eine Schülergruppe der Max-Brauer-Schule unterwegs bei der altoba

wurde vorgestellt und etwa 30 Lehrer loteten sehr konkret die Potenziale einer Zusammenarbeit im Hinblick auf ihre Unterrichtsfächer aus.

Die Kooperation mit der Max-Brauer-Schule war kein Einzelfall. Seit 2005 hatte die Genossenschaft begonnen, Kontakt zu Institutionen im Stadtteil zu vertiefen. Kulturelle und partnerschaftliche Zusammenarbeit im Quartier, die über ein bloßes Sponsoring hinausging, war das Ziel. Sportvereine, die Öffentliche Bücherhalle, Kindergärten und Schulen, Stadtteilzentren wie die Fabrik und die Motte und das große Stadtteilfest „altonale“ – diese Institutionen, fast alle fußläufig von der Geschäftsstelle zu erreichen, wurden nach und nach kontaktiert und Möglichkeiten der Zusammenarbeit ausgelotet. Die waren weit gefächert und reichten heute vom Familienfrühstück und Kinderfest in der Fabrik über gemeinsame Flohmärkte von Schulen und Nachbarschaftstreffs bis zu einem Theaterstück mit einem bekannten Theater und einer Ausstellung im Altonaer Museum.

Partnerschaftliche Kooperationen mit dem Ziel gemeinsamer Projekte sind arbeitsintensiv, und sie sind weniger steuerbar als ein Unternehmensprojekt. Doch sie bringen dem Unternehmen mehrfachen Nutzen. Die Bekanntheit im Stadtteil und in den Quartieren wächst, der Imagegewinn und auch das Standing bei der Bezirkspolitik sind beträchtlich. Und nicht zuletzt knüpft man durch das Netzwerken viele neue Kontakte, schafft weitere Anlässe für Begegnungen und findet neue Begegnungsorte.

Unterwegs auf der Leiter der Partizipation

Mitgliederworkshops als Form der Beteiligung

Im Jahr 2012 gab es erneut einen Ruck in der Kommunikation der altoba mit ihren Mitgliedern. Hatte man diese bereits bei etlichen Projekten eingebunden und zur Mitarbeit eingeladen, wagte sich die Genossenschaft jetzt an ein neues Format. Sie lud ihre Mitglieder ein, über die Zukunft des Wohnens bei der altoba zu diskutieren, wobei sie sich an der Form des Wisdom-Council, einem „Rat der Weisen", orientierte. Dieser Workshop führte zu erstaunlichen Ergebnissen. Doch vorab ein grundsätzlicher Blick auf die verschiedenen Aspekte der Beteiligung.

Stuttgart 21 hat ein Thema in die Schlagzeilen der Medien gebracht, das eigentlich schon seit langem die Gemüter bewegt. Bürger jeden Alters wollen mitentscheiden, was um sie herum geschieht. Bereits in den 1970er-Jahren wurde in der Stadtentwicklung die „Leiter der Partizipation" entwickelt. Deren acht Stufen beschreiben unterschiedliche Levels der Mitbestimmung – von der völligen Fremdbestimmung bis zur höchsten Form, der Selbstverwaltung und Selbstbestimmung.

An anderer Stelle wird in diesem Buch erläutert, wie sich der Mehrwert berechnen lässt, den die Mitgliedschaft in einer Genossenschaft für den Einzelnen erbringt. Teil dieses Mehrwertes ist die Partizipation. Was bedeutet das konkret für die Mitglieder des Altonaer Spar- und Bauvereins?

Im Genossenschaftsgesetz sind die grundsätzlichen Partizipationsformen, ohne die eine Genossenschaft gar nicht bestehen kann, festgelegt. Bereits das Einbringen eines Geschäftsanteils und die Zahlung der Gewinnbeteiligung an die Mitglieder gehören dazu. Partizipation bedeutet aber auch Teilhabe an den Leistungen einer Genossenschaft. Und bekannt ist wohl jedem

„Doch ebenso wie heute vielen Stadtbürgern das bloße Abgeben ihrer Stimme zur Wahl nicht mehr ausreicht, geht es den Mitgliedern des Altonaer Spar- und Bauvereins um mehr als das Ausüben des Vertreteramtes, wenn sie Beteiligung einfordern. Und da der Altonaer Spar- und Bauverein seinen Mitgliedern über die gesetzlich geregelte Beteiligung hinaus etliche Formen bietet, könnte inzwischen fast eine eigene Leiter der Partizipation aufgestellt werden.

Workshop für Mitglieder zur Modernisierung im Quartier Goosacker, 2011

Mitglied das Recht, Vertreter zu wählen und sich wählen zu lassen. Vertreter wählen den Aufsichtsrat, dieser berät und kontrolliert wiederum den Vorstand usw.

Doch auf der einen Seite reicht es vielen Mitgliedern nicht aus, Vertreter zu wählen oder sich selbst als Kandidat aufstellen zu lassen. Sie fordern direkte Formen der Beteiligung. Auf der anderen Seite ist es schwerer geworden, Kandidaten für das Vertreteramt zu finden. Man möchte sich heutzutage nicht für ein paar Jahre für ein Amt verpflichten, das bedeutet aber nicht, dass man sich nicht trotzdem einbringen möchte. Der Altonaer Spar- und Bauverein bietet seinen Mitgliedern beides, über die gesetzlich geregelte Beteiligung hinaus existieren etliche Formen der Beteiligung – die Genossenschaft hat gewissermaßen eine eigene Leiter der Partizipation aufgestellt. Die gilt es in Zukunft noch genauer zu definieren, dazu gehört auch, die „Sprossen" voneinander abzugrenzen.

Heutzutage ist es üblich, dass Mitglieder bei der Wohnumfeldgestaltung, bei der Neugestaltung von Höfen und Spielplätzen im Rahmen der Möglichkeiten in die Planung einbezogen werden. Das sind keine „Alibi-Veranstaltungen“, es geht handfest um Spielgeräte, Bepflanzungen, Ruhebereiche. Der Rahmen wird offengelegt, es kann gestaltet werden.

Beteiligung am Unternehmen, wenn man grundlegende Schriften und Verordnungen dem Unternehmen zuordnen will, ist eine andere „Sprosse“: Mitglieder wurden und werden bei Projekten, die alle angehen, eingeladen, sich zu beteiligen. Das betrifft das Leitbild der altoba ebenso wie die Hausordnung. Die Mitglieder beteiligen sich, man spürt in den Zuschriften, dass es ihre Anliegen sind.

Wenn Gruppen sich kritisch zu Wort melden, werden die Anliegen geprüft und Vorschläge, wenn möglich, umgesetzt. Manchmal unabhängig von der altoba, wie die Vorschläge der Gruppe „Noch schöner wohnen“, die eine Vertretersprechstunde einrichten wollte. Hier stellte die altoba nur den Raum. Und nennt man es Beteiligung, wenn aufgrund von Kritik an Nebenkosten im neu erbauten Passivhaus eine Projektgruppe aus Mitarbeitern und Mitgliedern gebildet wird? Bei der altoba sieht man es so, wenn man gemeinsam über einen längeren Zeitraum an einem Thema arbeitet. Der Vorschlag kam von den Bewohnern.

Die Workshops stellen jedenfalls ein neues Format dar. Neu an diesem Format war 2012 nicht die Form des Workshops, sondern dass sie erstmals nicht an konkrete Bauvorhaben, Wohnumfeldgestaltung oder Ähnliches gebunden waren. Derart offene Workshops hatte man bis dahin bewusst vermieden. Zu dünn schien das Eis, zu leicht konnte eine solche Diskussion aus dem Ruder laufen und sich im Unendlichen verlieren.

Die Moderationsform „Wisdom Council“ schien aber eine Möglichkeit, dieser Gefahr zu entgehen. Beim „Wisdom Council“ in seiner ursprünglichen Form handelt es sich um einen Rat von „Weisen“, von Bürgerräten, die über Zukunftsfragen diskutieren und neue Lösungen entwickeln. Präsentiert werden sie anschließend einem Verantwortlichen, beispielsweise dem Bürgermeister. Warum sollte das nicht auch bei der altoba funktionieren? Iris Beuerle, Genossenschaftsreferentin des VNW, hatte den Workshop angeregt. Der Vorstand war bereit, ein Pilotprojekt zu starten.

Die Einladung, sich einen ganzen Sonnabend lang mit der Frage zu befassen, was man für das Wohnen der Zukunft benötigt, ging an sehr unterschiedliche und auch als kritisch bekannte Mitglieder. Irritierte Nachfragen von Vertretern, warum sie denn keine Einladung erhalten hatten, blieben nicht aus. Aber das hätte nicht der Vorgehensweise eines „Wisdom Councils" entsprochen. 16 Mitglieder folgten der Einladung. Der Vorstand verließ nach einer kurzen Begrüßung die Tagungsstätte. Nur einige Mitarbeiter blieben, mischten sich aber nicht in die Diskussion ein. Am Abend trug die Gruppe dem Vorstand die Ergebnisse vor.

Die Themen, mit denen sich die „altoba-Weisen" befassten, reichten von der Rolle der Hausmeister, dem Umgang mit Beschwerden bis zu Wohnprojekten und dem Leben in Hausgemeinschaften. Spannend war der Austausch der Teilnehmer miteinander: Immer wieder wurde, auch selbstkritisch, der Genossenschaftsgedanke und die Bedeutung von Gemeinschaft thematisiert. Auch Angebote für Kinder und Jugendliche und das Wohnen im Alter, verknüpft mit zusätzlichem Ehrenamt, standen auf der Agenda. Energisch waren die Mitglieder nicht nur gegenüber der Genossenschaft, sie hinterfragten auch ihre eigene Rolle. „Wie bringe ich mich selbst besser in die Genossenschaft ein?", hieß es. „Dieser Workshop hier ist für mich Genossenschaft." Die anwesenden Mitglieder zeigten deutlich, dass sie auch mehr voneinander erwarteten.

Obwohl die Teilnehmer etliche Stunden Freizeit für diesen Workshop geopfert hatten, empfanden sie es nicht als Zeitverschwendung. Der Wunsch nach weiteren Workshops wurde geäußert, möglichst einmal im Jahr sollten sie angeboten werden.

Und man hatte auch gleich einen Vorschlag, wie der Kreis künftig ausgewählt werden sollte: 50 Prozent vorherige Teilnehmer, 50 Prozent neue sollten eingeladen werden ...

Der Vorstand überzeugte sich beim Tagesschluss verblüfft davon, dass weder „goldene Wasserhähne" gewünscht wurden, so seine Anmerkung zum Schluss des Tages, noch die Erwartung bestand, dass alle Vorstellungen umgesetzt würden. Damit wurde eine weitere Sorge ausgeräumt. Beteiligung, und erst einmal nur darum ging es den Teilnehmern, ist etwas anderes als Mitbestimmung.

Dennoch hätten die Mitglieder nicht verstanden und akzeptiert, wenn der Workshop folgenlos geblieben wäre. Zum einen wurde über die Ergebnisse dieses Workshops informiert – die Teilnehmer erhielten ein Protokoll, die Gremien einen Bericht und in der Mitgliederzeitschrift erschien ein Artikel.

Zum anderen wurden die erarbeiteten Vorschläge intensiv in den jeweiligen Fachabteilungen diskutiert. Einem Wunsch der Teilnehmer folgend nahm die Genossenschaft Kontakt zu einem Hospiz auf und begann eine Zusammenarbeit. Das Thema Hospizdienste war in Verbindung mit neuem Ehrenamt benannt worden. Ein weiteres Projekt in Folge war ein Workshop zur Umgestaltung eines Spielplatzes. Das Thema Beteiligung von Kindern und Jugendlichen war ebenfalls benannt worden. Und ein Jahr später fand ein weiterer Workshop statt, auf dem vor allem über das Thema „Leben im Alter", ein „Schwergewicht" des ersten Workshops, diskutiert wurde.

Die Workshops werden fortgesetzt, sie stellen heute einen Baustein der Kommunikationsstrategie dar. Der Aufwand, es bedarf intensiver Vorbereitung, einer Moderation und Nachbereitung, erweist sich als gerechtfertigt, wenn man die Ergebnisse nachhaltig sichert.

Für Vorstand und Mitarbeiter ist wichtig, dass sie nicht verpflichtet sind, alle Vorschläge in die Tat umzusetzen. Auch die Mitglieder erwarten das nicht.

Dennoch müssen alle Ideen geprüft werden und man muss glaubwürdig erklären, warum man etwas nicht in die Tat umsetzt. Wenn man Workshops als ein positives Format entdeckt hat, kann sich unter Umständen einige Befragungen sparen. Es geht authentisch zu bei den Workshops. Im Austausch miteinander kommen viele Dinge zur Sprache, für die altoba bringt das ein wichtiges Feedback.

Doch sind Workshops kein „Selbstgänger": Vonnöten ist intensive Begleitung und vor allem eine Haltung zum Geschehen. Eine Haltung, die beinhaltet, dass man wertfrei prüft, was eingebracht wird. Die eng beschriebenen Metaplanwände sind das Ergebnis eines partnerschaftlichen Dialoges. Und anders als bei mancher Alibi-Beteiligung für die Bürger einer Stadt können die Mitglieder sicher sein, dass viele der Anregungen umgesetzt werden.

Auch wenn die Kommunikation mit den Mitgliedern inzwischen gut verläuft: Die Mitglieder werden in Zukunft genauer wissen wollen, wofür die Begriffe Mitsprache, Mitwirkung oder Mitbestimmung stehen. Sie werden fragen und prüfen, welchen Stellenwert diese in der Mitgliederkommunikation haben. Wie viel Beteiligung steckt im Ehrenamt, wie wertschätzend geht die Genossenschaft mit den Vorschlägen der Mitglieder um? Und gleichzeitig damit stellt sich auch die Frage nach den Grenzen der Beteiligung. Die altoba ist jedenfalls auf der Leiter der Partizipation unterwegs. Einige Sprossen sind noch zu zimmern, andere zu beschriften. All dies befindet sich in einem Prozess.

”Doch nichts gelingt langfristig in der Unternehmenskommunikation ohne eine Strategie. ‚Wenn du schnell gehen willst, geh allein‘, sagt ein afrikanisches Sprichwort. ‚Wenn du weit gehen willst, geh mit anderen.‘

Wo die Fäden zusammenlaufen

Die Abteilung Kommunikation und Soziales

Ist es Zufall, dass der Abteilung Öffentlichkeitsarbeit in einem Buch über die Kommunikation der altoba nur ein Kapitel gewidmet ist? Nein, denn Kommunikation ist nicht Sache einer einzelnen Abteilung, sondern die Angelegenheit vieler Mitarbeiter. Aber ohne eine effiziente Kommunikationszentrale können deren Bemühungen leicht ins Leere laufen. In der Abteilung „Kommunikation und Soziales", im Jahr 2012 wurden Sozialmanagement und Öffentlichkeitsarbeit unter diesem Namen zusammengeführt, laufen die Fäden der internen und externen Kommunikation zusammen.

Die Presse- und Öffentlichkeitsarbeit hatte für den Altonaer Spar- und Bauverein stets große Bedeutung, wurde aber lange Zeit in erster Linie als Präsenz in den Medien verstanden. Das ging nicht nur der altoba so. Viele Seminarangebote trugen den schlichten Titel „Wie komme ich in die Zeitung?". Das Ziel, das sich der Vorstand des Altonaer Spar- und Bauvereins gesetzt hatte, war noch eine Spur ambitionierter: „Wir wollen die bekannteste Genossenschaft in Hamburg werden!"

Die Immobilienbranche geriet Anfang der 2000er-Jahre in Sachen Kommunikation in Bewegung. Mit der „Expertenkommission Wohnungsgenossenschaften", 2002 von der Bundesregierung ins Leben gerufen, geriet zudem das Thema Genossenschaften für die interne und externe Kommunikation bei den Wohnungsbaugenossenschaften in den Fokus. Es ging nicht mehr nur um die Belange der einzelnen Genossenschaft, sondern um das übergeordnete Thema, um die Unternehmensform und deren Potenziale.

2003 trafen die beiden Autoren dieses Buches erstmals zusammen, eine konstruktive, zugleich aber auch für beide Seiten herausfordernde Zusammenarbeit begann. Die Aufgaben der

Kinderfest in der Fabrik. Kinderfeste beim Altonaer Spar- und Bauverein waren immer schon beliebt. Hier 2014 in Kooperation mit der Fabrik in Altona-Ottensen

Öffentlichkeitsarbeit wuchsen, wurden komplexer und zielgerichteter. Zu dieser Zeit wurden auch die Anforderungen beim Neubau immer anspruchsvoller. Politik und Öffentlichkeit stellten höhere Anforderungen, und die Erwartungen der Mitglieder änderten sich. Innerhalb von wenigen Jahren entstanden viele Mitgliederprojekte. Die Öffentlichkeitsarbeit wurde „aufgemischt", stellte neue Regeln auf, meldete Bedarf an weiteren Budgets an, Zeit und Finanzen betreffend. Und angesichts der neuen Herausforderung durch das sehr rührige Tandem „Konflikte und Projekte" musste die Öffentlichkeitsarbeit auf ein neues Fundament gestellt werden.

Bürgerbeteiligung wird nicht mehr wie einst auf bilaterale Kommunikation – „Hier die Bürger, dort die Kommune" – verkürzt. Der Bürgerbeteiligungsexperte Klaus Selle betont die Bedeutung einer vielfältigen, einer multilateralen Kommunikation. Nur wenn die Entwicklung einer Stadt als eine Gemeinschaftsaufgabe begriffen und gehandhabt werde, könne sie gelingen. Dieser Ansatz gilt auch für Genossenschaften. Das hatte man in der altoba schnell erkannt. Die Zeiten, in denen die Genossenschaft zwar nicht beliebig, aber doch nur ausgewählt ihren Mitgliedern bei bestimmten Projekten eine Beteiligung anbot, sind vorbei. Diese Vorstufe war in dem langen Entwicklungsprozess notwendig, eine Sprosse auf der sich entwickelnden altoba-Leiter der Partizipation. Heute gibt es eine Vielzahl an Beteiligungsangeboten für die Mitglieder der altoba. Gleichzeitig zeigt die Erfahrung, dass Mitglieder nicht unbegrenzt beteiligt werden können. Das ist kein Widerspruch: Schließlich ist eine Genossenschaft ein Wirtschaftsunternehmen, das nach klaren Regeln und, im Interesse aller Mitglieder, effizient arbeiten können muss.

Dieser Rahmen muss, siehe die Parallele in der Debatte um Bürgerbeteiligung, klar und unmissverständlich kommuniziert werden. Zum einen, damit die Mitglieder nicht enttäuscht werden, von falschen Voraussetzungen ausgehen, zum anderen, damit keine unnötigen Missverständnisse und Reibereien den laufenden Betrieb behindern. Doch der lange Weg hat sich gelohnt, die Arbeit Früchte getragen: Das Ideal ist gar nicht weit entfernt. Das Ideal, das ist eine Praxis, bei der Mitarbeiter und Mitglieder im Interesse des Unternehmens gemeinsam an der Weiterentwicklung der Genossenschaft arbeiten, aus verschiedenen Perspektiven, mit weitgehend geklärtem Rahmen.

2012 war es schlüssig, Öffentlichkeitsarbeit und Sozialmanagement zusammenzuführen. Die Förderung guter Nachbarschaft, die Unterstützung einzelner Mitglieder, die Organisation und Begleitung von Ehrenamt werden nicht vernachlässigt, aber nunmehr neu ausgerichtet. Die neue Generation „Senioren" hat heute und zukünftig andere Interessen und bringt sich auch anders ein. Die Schnittmenge der vorher getrennten Abteilungen, Kommunikation und Soziales, ist größer geworden.

Jetzt geht es darum, die neue Abteilung weiterzuentwickeln. Petra Böhme, Vorstandsmitglied der altoba und Vorstand des Vereins „Vertrautes Wohnen", hat hier die Federführung. Die Erwartungen lassen sich auf eine einfache Formel verdichten. Bewährtes erhalten, gleichzeitig aktuelle Trends auf ihre Verwertbarkeit prüfen und die Mitglieder stärker in den Weiterentwicklungsprozess einbeziehen – schließlich geht es ja letztendlich um deren Interessen und Erwartungen.

Zu den Zielen der Öffentlichkeitsarbeit beim Altonaer Spar- und Bauverein gehört längst, neben den gewohnten Aufgaben von Presse- und Öffentlichkeitsarbeit, die Entwicklung von Aktionen dazu, von Mitgliederprojekten. Die können aktuell sein, können politischer Natur sein, sozialer. Zur Entwicklung muss man stets „ein Auge und ein Ohr" im Stadtteil haben. Was wird im Stadtteil thematisiert, was in den Quartieren? Entspricht es den Zielen der Genossenschaft? Und schon wird möglicherweise eine Aktion, ein Projekt daraus.

Das hilft letztlich auch dem Stadtteil, dem Bezirk, dem man sich verbunden fühlt. Zu wissen, dass es im Stadtteil eine Genossenschaft gibt, auf die man sich verlassen kann, wenn die soziale Entwicklung in eine ungewünschte Richtung läuft, die dafür steht, den sozialen Mix in den Quartieren zu bewahren und zu festigen, ist für die Altonaer eine Beruhigung. Und der Altonaer Spar- und Bauverein gilt als eine verlässliche Größe, als ein Fels in der Brandung.

Dies bedeutet aber nicht, dass die altoba nachlassen darf, ständig an ihrer Kommunikation zu arbeiten. Allzu schnell könnte man Errungenschaften wieder verlieren. Ohne eine gute Kommunikation, ohne eine effiziente Öffentlichkeitsarbeit bewegt man sich so, als ginge man ohne Sonnenschutz in die Sonne, pflegt der Vorstand zu sagen. Und dann? Ein Sonnenbrand sei die Folge ...

Wie jedes Unternehmen ist auch die altoba an einem positiven Image interessiert. Sie will aus dem Meer der vielen Unternehmen herausragen, will wahrgenommen werden. Die altoba will aber mehr: Sie will auch den genossenschaftlichen Gedanken kommunizieren, das Feuer weitertragen, mit den Mitgliedern Gegenwart und Zukunft gestalten. Die altoba kom-

Vorstand des Vereins „Vertrautes Wohnen" im Altonaer Spar- und Bauverein e.V.
v. l. n. r.: Maike Grieger, Elke Reimers, Petra Böhme, Doris Seguin, Gerda Fatum

muniziert diesen Anspruch unter anderem über Mitgliederprojekte, gemeinsame Aktionen.

Öffentlichkeitsarbeit, wie die altoba sie betreibt, bedeutet immer auch, sich zu positionieren. Man muss Flagge zeigen, Aktionen und Projekte starten, die die Menschen bewegen, etwas angehen. „Wir haben gute Erfahrungen gemacht, wenn Flüchtlinge nebenan wohnen, wie an der Trinitatis-Kirche", sagt der Vorstand. Ängste der Mitglieder seien vorhanden gewesen, hätten sich aber aufgelöst. „Wenn ich ein Grundstück hätte, würde ich es für den Bau von Containern zur Verfügung stellen."

Doch nichts gelingt langfristig in der Unternehmenskommunikation ohne eine Strategie. „Wenn du schnell gehen willst, geh allein", sagt ein afrikanisches Sprichwort. „Wenn du weit gehen willst, geh mit anderen." Ohne eine in den Betrieb gerichtete interne und transparente Öffentlichkeitsarbeit wird wenig gehen. Was nützen die besten Mitgliederprojekte, wenn die Mitarbeiter nicht informiert sind oder erst aus der Presse von ihnen erfahren? Mehr noch, idealerweise gestalten die Mitarbeiter unterschiedlicher Abteilungen mit, tragen mit ihren Möglichkeiten zum Gelingen bei.

Die Kommunikationsabteilung ist jedenfalls die „Netzwerkzentrale" im Hause. Sie pflegt nicht nur das interne Netzwerk, kann sich nicht nur auf dieses stützen. Kooperationen und viele Kontakte im Stadtteil erzeugen ein weiteres Netz. Nicht selten sind in der Geschichte der altoba wichtige Impulse von außen gekommen, externe Ratgeber aller Couleur gehören folglich ebenfalls zum Netzwerk, den Fäden, die zusammenlaufen. Ein jährlicher Empfang im Stadtteil, den die altoba ausrichtet, bringt Akteure aus den unterschiedlichsten Bereichen zusammen.

Engmaschiger geknüpft und gleichzeitig erweitert wurde insbesondere das Netzwerk mit den Genossenschaftsmitgliedern. Die Kommunikation mit den Mitgliedern steht für die altoba an erster Stelle. Die Mitglieder werden mit ihren unterschiedlichen Erwartungen und Ansprüchen sehr differenziert wahrgenommen. Und man erkennt das große Potenzial, das in einem lebendigen Netzwerk mit den Mitgliedern steckt. Letztlich sollte alle ein gemeinsames Ziel zusammenbringen: die Genossenschaft weiter zu gestalten.

35

Kommunikation einer Wohnungsgenossenschaft als Frage der Haltung

Jede Baugenossenschaft hat ihre eigene Geschichte, über Jahrzehnte gewachsene Traditionen, ihre unverwechselbare Unternehmenskultur und ihr spezielles Umfeld. Aber Wohnungsbaugenossenschaften haben auch zahlreiche Gemeinsamkeiten. Sie verfolgen gemeinsame Ziele. Sie sind zwar wirtschaftlich ausgerichtet, aber auch ihren Mitgliedern verpflichtet. Sie alle haben in den Umbrüchen der vergangenen Jahrzehnte nach neuen Wegen suchen müssen, den gesellschaftlichen Herausforderungen seit der Emanzipationsbewegung der 68er-Generation gewachsen zu sein – denn gerade, weil viele Menschen große Erwartungen an die Genossenschaften stellen, müssen diese auf der Höhe der Zeit sein. Wer sich den „Luxus“ erlaubte, im Bohnerwachs-Charme der frühen Nachkriegszeit zu verharren, lief Gefahr, abgehängt zu werden.

Der Altonaer Spar- und Bauverein hat auf den Wandel reagiert und sich neu ausgerichtet. Der Weg, den die altoba gegangen ist, kann nicht für alle Genossenschaften gangbar sein – es gibt keinen Königsweg –, aber er hat in den vergangenen Jahrzehnten das Interesse vieler Kollegen geweckt. Die Haltung ist die Basis, auf der die Unternehmenskultur, die Kommunikationsstrategie und das Engagement für die Mitglieder und die Stadtteile, in denen die altoba unternehmerisch tätig ist, fußen. Und wenn hier der sehr lebendige, aber auch teils mühsame Weg beschrieben wird, wie die altoba zu ihrer neuen Haltung gefunden hat, wollten wir Autoren damit einen Beitrag zum immer noch stattfindenden Diskurs beisteuern. Das Buch ist also kein abschließendes Fazit eines Prozesses, es ist Teil des Prozesses – eines Prozesses, der nie abgeschlossen sein kann.

Wir sind davon überzeugt, dass es nicht ausreicht, sich neue Regeln zu geben und neue Richtlinien für die Mitarbeiter zu erarbeiten. Das Unternehmen muss gemeinsam mit seinen Mitarbeitern zu einer Haltung finden, die diese verinnerlichen, auf die sie sich in schwierigen Konfliktsituationen besinnen können, die ihnen als Richtschnur dienen kann, wenn sie aus eigener Initiative Entscheidungen treffen müssen – das kann auch ein vermeintlich „kleines" Detail wie das Verfassen eines Briefes an ein Mitglied sein.

Man kann noch so viele Regeln aufstellen und Leitlinien erarbeiten, es wird immer Situationen geben, für die es keine Regeln gibt. Die Pädagogin Ruth Cohen beschreibt es knapp: Eine Regel hilft nur, solange sie hilft. Regeln schaffen – und das widerspricht keineswegs den Erfolgen von spontanem und kreativem Handeln – einen Rahmen und damit Handlungssicherheit. Helfen sie jedoch nicht mehr, hilft immer noch die Haltung, mit der man als Vertreter der Genossenschaft auftreten muss. Die Haltung gibt Halt. Sie hilft, sich zu orientieren.

Die Haltung beruht auf dem Respekt jedem gegenüber, mit dem die Genossenschaft kommuniziert – sei es ein Mitglied, sei es ein „Außenstehender", sei es eine Institution. Das mag einfach klingen, ist es aber nicht. In der Praxis, im alltäglichen Betrieb einer Genossenschaft, muss sie immer wieder neu erarbeitet werden. Die auf ihr basierenden Regeln müssen in regelmäßigen Abständen auf den Prüfstand gestellt und hinterfragt werden. Routine ist in diesem Fall nicht beruhigend, sondern mitunter eine Gefahr.

Die Haltung muss nicht nur klar definiert sein – der Altonaer Spar- und Bauverein hat sie in einem Leitbild festgehalten –, sie muss auch neuen Mitarbeitern vermittelt werden, die nicht persönlich an ihrer Erarbeitung mitgewirkt haben und sie dennoch verinnerlichen und leben sollen. Zur Haltung gehört durchaus auch, das eigene Handeln in Frage zu stellen und sich gegebenenfalls auch externer Hilfe zu bedienen. Mitunter hilft der neutrale Blick eines Dritten, Ordnung in eine scheinbar verworrene Situation zu bringen.

In der Zukunftswerkstatt des Altonaer Spar- und Bauvereins wurde das Konzept des Dreiklangs erarbeitet, mit dem die Interessen der Mitglieder, der Mitarbeiter und des Unternehmens in Einklang gebracht werden sollen. Harmonie, nicht Dissonanzen sollen die Kommunikation zwischen diesen Teilen bestimmen.

Netzwerkarbeit mit anderen gesellschaftlichen und institutionellen Gruppen spielt eine nicht zu unterschätzende Rolle. Wir haben Beispiele unserer Netzwerkarbeit aufgeführt. Auch diese gehört zum Prozess und wird fortgesetzt. 2014 bietet der Altonaer Spar- und Bauverein mit einer „Kinderkonferenz“ ein Kinderprojekt an. Nicht nur die Erwachsenen, auch die Kinder zu beteiligen, ist hier Wunsch. Gleichzeitig nahm die Genossenschaft Kontakt zu einer dänischen Genossenschaft auf – Altona hat eine dänische Vergangenheit, auf die die Altonaer stolz sind. Ideen für weitere Projekte gibt es zuhauf. So wird über eine Zukunftswerkstatt für den Stadtteil nachgedacht, die die Genossenschaft moderieren könnte.

Man sieht, der Prozess der Mitgliederkommunikation ist im Gang, und wird vermutlich niemals abgeschlossen sein. Der Altonaer Spar- und Bauverein hat sich entschieden, ihn als Akteur zu begleiten und zu gestalten, und lädt andere Genossenschaften ein, es ihm gleichzutun.

Autoren

Holger Kowalski

Seit 42 Jahren im Altona Spar- und Bauverein tätig, davon 34 Jahre im Vorstand und 30 Jahre als Vorstandssprecher. Langjährige Mitarbeit in wohnungswirtschaftlichen Verbänden, darunter im GdW-Verbandsrat, im Vorstand der Bundesarbeitsgemeinschaften der Genossenschaften, in der Bundesarbeitsgemeinschaft „Wohnungsbaugenossenschaften mit Spareinrichtungen" und als Vorsitzender des Verbandsausschusses und des VNW-Landesverbands Hamburg. Regional setzte er sich für „Bündnis für das Wohnen in Hamburg", auf Bundesebene für die Schaffung eines Nachhaltigkeitszertifikats ein.

Neben dem innovativen Wohnungsneubau und der Modernisierung der Bestände hat er sich schwerpunktmäßig mit der Neustrukturierung der Kommunikation seiner Genossenschaft nach innen und außen befasst.

Bärbel Wegner

Fachjournalistin und Fachautorin für wohnungswirtschaftliche Themen. Berät Genossenschaften in Fragen der Kommunikation und Öffentlichkeitsarbeit, initiiert und begleitet Projekte zur Mitgliederkommunikation – darunter Schulkooperationen, künstlerische Projekte, Erzählcafés. Sie begleitete den in diesem Buch vorgestellten Umwandlungsprozess des Altonas Spar- und Bauvereins als Beraterin und Projektentwicklerin.

Mit dem Thema Wohnungsgenossenschaften hat sie sich eingehend in dem 2012 erschienen Buch „Wohnen bei Genossenschaften. Basics, Geschichte, Projekte" (Mitautoren Anke Pieper und Holmer Stahncke, Hamburg, 2012) befasst. Für künftige Genossenschaftler hat sie das Pixi-Buch „Pauline zieht ein" geschrieben. www.textpertin-hamburg.de

Bildnachweis

altoba: S. 33, 36, 38, 52, 87, 90, 143, 163, 175, 178
Elbe-Wochenblatt: S. 118
Miguel Ferraz: S. 71
Oliver Heissner: S. 30, 103
Friedrun Reinhold: S. 24, 147, 230
Friedemann Stampa (Illustration): Titel, S. 23, 61, 122, 153, 167
Kristina Wedekind (www.wedekind-foto.de): S. 42, 51, 93, 129, 146, 158, 192, 193, 198, 199, 205, 210, 211, 215, 222, 225
Bärbel Wegner: S. 230

Literatur

Altonaer Spar- und Bauverein eG. Das Leitbild der Altonaer Spar- und Bauverein eG. Werte Leben. Hamburg, 2005

Altonaer Spar- und Bauverein eG. Satzung und Wahlordnung der Altonaer Spar- und Bauverein eG. Hamburg, 2010

Beuerle, Iris. Wohnungsgenossenschaften im gesellschaftlichen Wandel. Hamburg, Univ. Diss., 2014. www.epubli.de

Böhme, Petra. Nachfragehoch im Zinstief – die Spareinrichtung der Altonaer Spar- und Bauverein eG. In: Immobilien und Finanzierung, 02/2014, Frankfurt 2014

Fisher, Roger/Ury, William/Patton, Bruce: Das Harvard-Konzept. Der Klassiker der Verhandlungstechnik. 24. überarb. Aufl. Frankfurt/New York 2013

Glasl, Friedrich. Konfliktmanagement. Handbuch für Führungskräfte, Beraterinnen und Berater. 8. Aufl. Bern/Stuttgart 2004

Kowalski, Holger. Wohnungsgenossenschaften statt Heuschrecke? In: Kommunale Wohnungsunternehmen – Tafelsilber oder Saatkartoffeln? Pos. d. Arbeitskreises Stadtentwicklung, Bau und Wohnen der Friedrich-Ebert-Stiftung, Berlin 2007

Kowalski, Holger/Wegner, Bärbel. Wohnungsgenossenschaften als Träger sozialer Aufgaben? Balance zwischen Wirtschaftlichkeit, sozialer Verantwortung und selbstbewussten Mitgliedern beim Altonaer Spar- und Bauverein. In: Zeitschrift f. d. ges. Genossenschaftswesen (zfgG), Bd. 63, Heft 2/2013

Mast, Claudia. Unternehmenskommunikation. 3. Aufl. Konstanz und München 2013

Rosenberg, Marschall B. Gewaltfreie Kommunikation. Eine Sprache des Lebens. 11. Aufl., Paderborn 2013

Schulz von Thun, Friedemann. Miteinander reden. Bde. 1–3, Reinbek bei Hamburg 2006

Selle, Klaus: Über Bürgerbeteiligung hinaus: Stadtentwicklung als Gemeinschaftsaufgabe. Analysen und Konzepte. Detmold 2013

Stahncke, Holmer: Eine Genossenschaft und ihre Stadt. Die Geschichte des Altonaer Spar- und Bauvereins. Hamburg 2012

Theurl, Theresia/Wendler, Caroline. Was weiß Deutschland über Genossenschaften? Aachen 2011

Wegner, Bärbel/Pieper, Anke/Stahncke, Holmer: Wohnen bei Genossenschaften. Basics, Geschichte, Projekte. Hamburg 2012

Haltung der altoba, die

Eine innere Grundeinstellung, die geprägt ist von Respekt gegenüber den Mitgliedern der Genossenschaft, und von der Haltung, sich gegenüber Neuem aufgeschlossen zu verhalten. Eine Grundeinstellung, die davon ausgeht, dass nichts statisch ist, und es wenig bringt, Prozesse aufzuhalten, sondern es besser ist, diese zu gestalten. Eine Grundeinstellung, die die Genossenschaft befähigt, die Meinungen anderer Beteiligter wertfrei zur Kenntnis zu nehmen und sie zu diskutieren, dabei aber stets das Wohl des Ganzen im Blick zu behalten und Einzelinteressen nicht nachzugeben.

Die Haltung schließt Offenheit für Formen der Partizipation über das Genossenschaftsgesetz hinaus mit ein, Offenheit für neue Projekte und Innovationen. „Nicht die Asche anbeten, sondern das Feuer weitertragen."